Wie man einen Welpen trainiert

Ein kompletter Leitfaden zur Ausbildung eines Welpen mit Potty Train in 7 Tagen

Friedrich Zimmermann

Copyright Alle Rechte vorbehalten.

Dieses eBook wird ausschließlich zu dem Zweck bereitgestellt, relevante Informationen zu einem bestimmten Thema zu liefern, für das alle angemessenen Anstrengungen unternommen wurden, um sicherzustellen, dass es sowohl korrekt als auch angemessen ist. Mit dem Kauf dieses eBooks erklären Sie sich jedoch damit einverstanden, dass sowohl der Autor als auch der Herausgeber in keiner Weise Experten für die hierin enthaltenen Themen sind, ungeachtet der Behauptungen, die als solche aufgestellt werden. Alle Vorschläge oder Empfehlungen, die in diesem Buch gemacht werden, dienen daher nur der Unterhaltung. Es wird empfohlen, dass Sie immer einen Fachmann konsultieren, bevor Sie die hier besprochenen Ratschläge oder Techniken anwenden.

Dabei handelt es sich um eine rechtsverbindliche Erklärung, die sowohl vom Ausschuss der Verlegervereinigung als auch von der American Bar Association als gültig und fair angesehen wird und in den Vereinigten Staaten als rechtsverbindlich gelten sollte.

Die Reproduktion, Übertragung und Vervielfältigung des hierin enthaltenen Inhalts, einschließlich spezifischer oder erweiterter Informationen, stellt unabhängig von der Endform, die die Informationen letztendlich annehmen, eine illegale Handlung dar. Dies gilt auch für die Vervielfältigung des Werkes in physischer, digitaler und Audioform, es sei denn, es liegt eine ausdrückliche Zustimmung des Herausgebers vor. Alle weiteren Rechte vorbehalten.

Darüber hinaus werden die Informationen, die auf den hier beschriebenen Seiten zu finden sind, als korrekt und wahrheitsgemäß angesehen, wenn es um die Wiedergabe von Fakten geht. In diesem Sinne ist der Herausgeber von jeglicher Verantwortung für Handlungen, die außerhalb seines direkten Einflussbereiches liegen, befreit, unabhängig davon, ob diese Informationen richtig oder falsch verwendet werden. Ungeachtet dessen gibt es keinerlei Szenarien, in denen der ursprüngliche Autor oder der Verlag in irgendeiner Weise für Schäden oder Unannehmlichkeiten haftbar gemacht werden können, die sich aus den hier besprochenen Informationen ergeben.

Darüber hinaus dienen die Informationen auf den folgenden Seiten nur zu Informationszwecken und sind daher als allgemeingültig zu betrachten. Sie werden naturgemäß ohne Gewähr für ihre fortdauernde Gültigkeit oder vorläufige Qualität präsentiert. Die Erwähnung von Warenzeichen erfolgt ohne schriftliche Zustimmung und kann in keiner Weise als Zustimmung des Warenzeicheninhabers gewertet werden.

Inhaltsübersicht

EINFÜHRUNG	**8**
ERSTES KAPITEL	**16**
VORBEREITUNGEN FÜR DEN WELPEN	**16**
Einen Welpen mit nach Hause nehmen	19
Welpensicherheit für das Zuhause	20
Die erste Nacht des Hundes	22
Sozialisierung	22
Stubenreinheit	23
Fütterung	24
Welpenspiel	27
Schlafen	28

Bürsten — 28

ZWEITES KAPITEL — 30

TIPPS ZUM TÖPFCHENTRAINING — 30

Beginn des Töpfchentrainings — 31

Tipps zur Vorbeugung und zum Umgang mit weinenden Welpen — 32

Welpe schnell auf sein Töpfchen bringen — 33

Wie oft werden Sie mit ihr ausgehen? — 34

Um das Töpfchen zu trainieren, muss man es ständig beaufsichtigen — 35

Was passiert, wenn ein Unfall passiert? — 38

Was tun mit kleinen Hunden oder Welpen, die bei kaltem Wetter nicht gerne aufs Töpfchen gehen? — 39

DRITTES KAPITEL — 40

WELPENTRAINING FÜR SEIN KLEINES HAUS — 40

Wie man ein Haus auswählt — 40

Wie man Haustraining praktiziert — 41

Was ist präventives Training? — 42

Die Feiertage — 45

Tipps für Hundebesitzer, die zum ersten Mal einen Hund halten — 46

VIERTES KAPITEL — 50

GRUNDAUSBILDUNGSSTUFEN 50

Manuelle Trainingssignale 56

Regelmäßiges Programm für Ihren Hund 59

Einen Welpen ausbilden - Was ist zu beachten? 61

FÜNFTES KAPITEL 63

EINEN HUND RICHTIG TRAINIEREN, UM ZU LERNEN 63

Wie man unserem Hund auf einfache Weise das Sitzen beibringt 65

Wie wir unserem Hund in wenigen Schritten beibringen, sich hinzulegen 67

Wie wir unserem Hund beibringen, an unserer Seite zu gehen 68

Wie wir unserem Hund beibringen, auf unseren Ruf zu kommen 69

SECHSTES KAPITEL 71

KRITERIEN FÜR DIE AUSBILDUNG VON HUNDEN 71

Entspannungsübungen für Hunde 75

Wie übt man mit seinem Hund die richtige Führung aus? 78

Tipps, wie man einem Hund beibringt, seine Bedürfnisse an einem Ort zu erledigen 80

Den Hund lehren, seinen Namen zu erkennen 85

WIE MAN IHN AN DER LEINE TRAINIERT? 92

SIEBENTES KAPITEL 95

ANLEITUNG FÜR WELPEN 95

Wie man den Hund daran hindert, auf Menschen zu springen 95

Wie man einen Hund an den Maulkorb gewöhnt 99

Wie man einem Welpen beibringt, nicht zu beißen 104

Wie man einen Hund mit positiver Bestärkung erzieht 112

Wie Sie Ihrem Welpen das Laufen beibringen 116

Wie man einen Welpen, der beißt, zum Aufhören erzieht 124

Wie ein Hund zum Händeschütteln erzogen wird 126

Wie Sie mit Ihrem Hund reisen 130

ACHTES KAPITEL 134

WAS SIE BEI DER ERZIEHUNG EINES WELPEN VERMEIDEN SOLLTEN 134

Was bei Fehlverhalten des Hundes zu tun ist 134

Tipps für ein effizientes Welpentraining 136

SCHLUSSFOLGERUNG 144

EINFÜHRUNG

Manche glauben, dass das Töpfchentraining so einfach ist, dass man den Hund nur täglich füttern, trinken und alle paar Stunden aufs Töpfchen gehen lassen muss. Oder sie glauben, dass der Hund bereits nach ein oder zwei Wochen vollständig stubenrein ist. Das mag bei bestimmten frühreifen Welpen der Fall sein, aber andere Welpen, die einem so lockeren, abgekürzten Töpfchenprogramm unterworfen werden, sind nur wenig stubenrein oder haben monatelang Töpfchenunfälle.

Die kleinen Rover wissen, dass es in Ordnung ist, draußen zu toben, aber drinnen haben sie nichts dagegen, wenn sie nach einer ausgiebigen Spiel- oder Trainingseinheit nach drinnen kommen und sich auf Ihrem luxuriösen Teppich erleichtern. Beim Töpfchentraining geht es nämlich nicht nur darum, wo man in die Schule geht. Es geht vor allem darum, deutlich zu machen, dass andere Orte inakzeptabel sind, damit das Töpfchengehen auch an den richtigen Orten zur Routine wird.

Von dem Moment an, in dem Sie ihn nach Hause bringen, müssen Sie damit beginnen, Ihrem Hund beizubringen, das

Haus zu putzen. Welpen lernen von Geburt an, und erfolgreiche Züchter beginnen schnell mit der Behandlung und Sozialisierung. Das Training kann beginnen, sobald der Welpe die Augen öffnen und laufen kann. Junge Welpen können sich nur begrenzt konzentrieren, aber Sie können davon ausgehen, dass sie bereits im Alter von 7 bis 8 Wochen mit dem Üben grundlegender Gehorsamskommandos wie "Platz", "Runter" und "Stopp" beginnen.

Traditionell wurde eine intensive Hundedisziplin bis zum Alter von etwa 6 Monaten aufgeschoben. Diese Jugendphase ist wirklich ein schlechter Zeitpunkt, um damit zu beginnen. Der Hund lernt aus jeder Übung, und wenn man es vermeidet, ihm etwas beizubringen, verpasst man die Gelegenheit, ihm zu zeigen, wie er sich verhalten soll.

Der Hund beginnt in der Entwicklungsphase, erwachsene Verhaltensmuster zu verfestigen, und durchläuft dabei Zyklen der Angst. Verhaltensweisen, die im Welpenalter erworben wurden, müssen möglicherweise angepasst werden. Außerdem muss etwas, das bereits gemeistert oder schlecht qualifiziert wurde, entfernt und neu aufgenommen werden. Welpen können von klein auf viel lernen.
Verwenden Sie Ansätze, die sich auf positive Verstärkung und unterstützendes Coaching konzentrieren, während das Training im Alter von 7 bis 8 Wochen beginnt. Welpen haben eine kurze Aufmerksamkeitsspanne, und die Trainingseinheiten sollten kurz sein, aber jeden Tag stattfinden.

Mithilfe einer Methode, die als "Futter-Lehrmethode" bezeichnet wird, können Welpen auf "Hinlegen", "Ablegen" und "Stehen" trainiert werden. Sie verwenden Leckerlis, um den Hund dazu zu bringen, seinen Pfoten in den richtigen

"Hinlegen"-, "Ablegen"-, "Stehen"- und "Warten"-Positionen zu folgen. Kleine Futterstücke oder ein Lieblingstier können verwendet werden, um den Welpen zu den meisten Aktivitäten zu animieren. Wenn die Belohnung verlockend genug ist, kann der Welpe ermutigt werden, die gewünschte Reaktion zu zeigen, indem man ihm die Belohnung vorlegt, einen Befehl erteilt und die Belohnung so verschiebt, dass er die gewünschte Reaktion zeigt.

Für den Anfang sollte Futter, das über die Nase des Welpen gehalten und langsam nach hinten bewegt wird, eine Reaktion "nach unten" hervorrufen; Futter, das auf den Boden gezogen wird, sollte eine Reaktion "nach unten" hervorrufen; Futter, das wieder nach oben gebracht wird, sollte eine Reaktion "nach oben" hervorrufen; Futter, das auf Distanz gehalten wird, sollte eine Reaktion "komm" hervorrufen; und Futter, das beim Gehen am Knie gehalten wird, sollte den Welpen dazu bringen, "bei Fuß zu gehen" oder zu springen.

Der Welpe würde schnell die Bedeutung jedes Befehls lernen, indem er einen Befehlssatz oder ein Wort mit jeder Bewegung kombiniert und für jede angemessene Reaktion eine Belohnung erhält.
Im Idealfall geben Sie den Befehl einmal und benutzen dann Ihr Futter, um Ihren Welpen in die richtige Position zu bringen.

Wenn der Welpe die Aufgabe erledigt hat, setzen Sie offene Verstärkung und liebevolle Umarmung ein, die als sekundäre Verstärkung gelten. Wenn der Welpe den ersten Befehl nicht automatisch befolgt, gehen Sie möglicherweise etwas zu schnell vor. Wenn Sie den Befehl immer wieder wiederholen, wird der Welpe verstehen, dass es mehrerer Wiederholungen bedarf, bevor er ihn befolgen muss. Wenn der Hund nicht sofort reagiert, hilft es, ihn an die Leine zu nehmen.

Achten Sie darauf, dass Ihr Welpe zu Beginn der Ausbildung die Bedeutung des Wortes nicht kennt. Deshalb können Sie Ihrem Hund mit dem Wort "Banane" (oder "Sitz" in jeder anderen Sprache) genauso schnell "Sitz" beibringen wie mit dem Wort "Stopp". Der Trick besteht darin, den Begriff mit der Übung zu verbinden, das Hinterteil auf die Oberfläche zu legen, in diesem Fall "Sitz".

Zunächst lassen Sie den Welpen das Futter in Ihrer Tasche sehen, um seine Aufmerksamkeit zu erregen und ihn damit in Position zu bringen. Sie können das Futter in Ihrer Hand verstecken, wenn Ihr Welpe bereitwilliger reagiert, aber geben Sie den Befehl und wiederholen Sie die Geste oder das Signal, das er gelernt hat zu befolgen. Der Welpe wird schnell lernen, die Belohnung jedes Mal zu erwarten, wenn er die Aufgabe ausführt. Geben Sie stattdessen das Signal und den Befehl, aber wenn er die Aufgabe ausführt, belohnen Sie ihn einfach mit einer Ermutigung und geben Sie ihm eine liebevolle Umarmung. Zunächst sollten Sie damit beginnen, das Tempo zu ändern, "Guter Hund" zu feiern und vielleicht jedes Mal zu streicheln, dann gelegentlich das Futter anzubieten, vielleicht alle 3 oder 4 Tage. Der Welpe wird mit der Zeit entweder auf das Handzeichen oder auf den Befehl reagieren.

Die Worte "guter Hund" und die liebevolle Berührung werden mit der Zeit zu sekundären Verstärkern. Da sie in der Vergangenheit mit Futter kombiniert wurden, erhalten sie eine größere Bedeutung und werden selbstverstärkend. Es ist notwendig, sekundäre Motivation einzusetzen, denn wenn Sie Ihr Haustier zum Gehorsam zwingen wollen, werden Sie nicht immer Futter zur Hand haben. Und wenn Sie Ihren Hund nur mit Futter dazu bringen können, die Aufgabe zu erfüllen, wird er sie nur erledigen, wenn Sie ihm ein Leckerli geben.

Beginnen Sie mit dem ersten Training über den Tag verteilt, mit einer Reihe von Familienmitgliedern, in festgelegten Sitzungen. Die Boni für diese Trainingseinheiten sollten gespeichert werden. Im Laufe der Zeit sollten Sie den Hund jedoch auch zu anderen Zeiten auffordern, die Aufgaben zu erfüllen.
Sie müssen nicht jeden Tag in einer festen Sitzung üben. Kombinieren Sie diese Aktivitäten stattdessen den ganzen Tag über. Mindestens 15 Minuten Bewegung pro Tag ist ein Ziel, das Sie anstreben sollten.

Diese können im Laufe des Tages variieren und in kurzen 5-Minuten-Einheiten erfolgen. Versuchen Sie, Ihren Welpen alle Familienmitglieder daran zu erinnern, diese Dinge zu tun. Denken Sie daran, dass Sie versuchen, in jedem Raum Ihres Hauses zu trainieren. Sie möchten, dass Ihr Hund überall "Sitz", "Platz" und "Warten" lernt, nicht nur am Trainingsort.
Trainieren Sie überall dort, wo sich Ihr Welpe in Zukunft benehmen soll und wo er sich wohl und entspannt fühlt.

Verwenden Sie diese Fitnessübungen, wenn Sie Ihren Welpen in Ihr Leben einbeziehen. Erinnern Sie Ihren Welpen zum Beispiel daran, "Sitz" zu machen, bevor Sie ihm die Milch geben, "Sitz" zu machen, bevor Sie ihn in den Raum lassen oder aus dem Raum lassen, und "Sitz" zu machen, bevor Sie ihn streicheln. Dies sind Momente, in denen Sie etwas von Ihrem Hund wollen und er eher gehorchen wird. Auf diese Weise trainieren Sie Ihren Hund ständig, den ganzen Tag lang, und legen außerdem einheitliche Regeln und Verfahren für Begegnungen fest, damit der Hund versteht, wer die Werkzeuge kontrolliert.

Die Erziehung des Welpen vor dem Einfordern jedes Bedürfnisses hilft, Probleme zu vermeiden. Wenn Sie Ihren Welpen vor dem Erhalt einer Mahlzeit oder einer Belohnung zum Sitzen bringen, wird das Betteln vermieden, und wenn Sie Ihren Hund vor dem Öffnen der Tür zum Sitzen auffordern, können Sie verhindern, dass er die Tür aufspringt oder hinausläuft. Seien Sie phantasievoll. Seien Sie innovativ.

Wenn Sie einen erwachsenen Hund haben, zahlt sich die Zeit, die Sie mit der Erziehung Ihres Welpen verbracht haben, jetzt aus. Um einen gut erzogenen Hund zu haben, müssen Sie sich im ersten Lebensjahr Ihres Welpen engagieren und die Trainingsübungen fast täglich praktizieren. Je mehr Sie Ihren Hund trainieren und beaufsichtigen, desto weniger Gelegenheit hat er, sich unethisches Verhalten zu erlauben. Hunde bringen sich nicht selbst bei, sie verhalten sich wie Welpen, wenn man ihnen die Wahl ihrer Handlungen überlässt.

Das Training beginnt mit einigen Unterbrechungen in einer ruhigen Umgebung. Die gewählte Belohnung sollte sehr motivierend sein, damit sich der Welpe ganz auf den Trainer und die Belohnung konzentrieren kann. Obwohl eine kleine Belohnung in Form einer Mahlzeit im Allgemeinen gut funktioniert, kann ein Lieblingsspielzeug oder ein spezielles Hundeleckerli verlockender sein. Es kann auch von Vorteil sein, den Welpen kurz vor einer geplanten Mahlzeit zu trainieren, wenn er am hungrigsten ist.

Bei unruhigen oder eigensinnigen Welpen ist es am besten, sie an der Leine zu führen und mit einem Kopfhalsband zu beaufsichtigen, um sicherzustellen, dass der Welpe das gewünschte Verhalten zeigt und angemessen auf den Befehl

reagiert. Auf diese Weise können Sie den Welpen, wenn er nicht automatisch reagiert, zu der richtigen Reaktion drängen, und die Belastung kann aufgehoben werden, sobald die gewünschte Reaktion erfolgt ist.
Die Sozialisierung beginnt, sobald Sie Ihren Welpen bekommen, und das bedeutet oft im Alter von 7 Wochen.

Welpen akzeptieren im Allgemeinen neue Menschen, andere Spezies und neue Umstände während der Sozialisierungsphase, die zwischen dem Alter von 7 und 14 bis 16 Wochen stattfindet. Diese Zeit bietet die Gelegenheit für eine Vielzahl von Begegnungen, die ein Leben lang für positive Erinnerungen sorgen werden. Während dieser Zeit sind Welpen enthusiastisch, forschend und ungehemmt, und es ist wichtig, diesen Enthusiasmus auszunutzen.

Sorgen Sie dafür, dass Ihr Welpe in dieser Zeit sicher ist, und stellen Sie sicher, dass alle Begegnungen konstruktiv sind, Spaß machen und keine Angst auslösen.
Es gibt einen regelmäßigen, natürlichen Zyklus der Angst, der mit etwa 14 bis 16 Wochen beginnt. Ein Welpe kann in dieser Zeit gegenüber neuen Personen, Arten oder Erfahrungen misstrauisch und vorsichtig werden. Das ist ein normaler Anpassungsprozess. Beobachten Sie den Hund genau auf Anzeichen von Angst (Zusammenkauern, Urinieren und Ablehnen von Leckerlis). Setzen Sie den Welpen in dieser Entwicklungsphase nicht unter Druck oder regen Sie ihn nicht auf.

Mit diesen wenigen, einfachen Schritten können auch Tierhalter, die noch keine Erfahrung mit der Erziehung haben, ein Trainingsprogramm starten. Es erfordert Konsequenz, Geduld und Ausdauer, damit der Welpe in verschiedenen

Situationen vorhersehbar und dauerhaft auf Befehle reagiert. Nehmen Sie nur solche Kurse in Betracht, in denen mit konstruktiven Techniken unterrichtet wird.

Ein Trainingskurs erfüllt jedoch eine Vielzahl von Zwecken. Die Trainer zeigen Techniken auf und helfen Ihnen, die Trainingsphase zu meistern. Sie können Sie über Probleme beim Welpentraining aufklären und Ihnen bei der Vorbereitung auf anspruchsvollere Trainingseinheiten helfen. In einer Gruppensituation sollte der Welpe wissen, dass es Ablenkungen im wirklichen Leben gibt. Es liegt in der Natur des Menschen, dass der Tierhalter, der seinen Hund in einen Welpenkurs bringt, während der Woche trainieren (seine Hausaufgaben machen) muss, wenn er nicht bis zum nächsten Kurs im Rückstand sein will. Und schließlich ist ein Welpenkurs eine gute Gelegenheit, sich mit anderen neuen Welpenbesitzern auszutauschen und zu sehen, wie es den Welpen geht.

Erstes Kapitel
Vorbereitungen für den Welpen

Es gibt einige Dinge, die Sie vor der Ankunft Ihres neuen Welpen oder Hundes vorbereiten müssen, um sicherzustellen, dass er sich in seinem neuen Zuhause wohlfühlt und zufrieden ist.

Futter- und Wassernäpfe Bevorzugen Sie Futter- und Wassernäpfe aus Keramik oder rostfreiem Stahl mit schwerem Boden. Plastikbehälter werden eher als Kauspielzeug verwendet, und Zahnabdrücke können zu einem Zufluchtsort für Bakterien werden, die Zähne und Zahnfleisch zerstören. Ihr Hund (und Sie) werden es daher schwer haben, einen großen Napf aus Versehen umzukippen.

Vorschriftsmäßig müssen alle Hunde ein Schild am Halsband tragen, auf dem der Name und die Adresse des Besitzers angegeben sind. Auch die Angabe Ihrer Telefonnummer ist eine gute Idee. Bestellen Sie eine Marke online oder in der nächsten Tierhandlung.

Der Einsatz von Mikrochips, weil Halsbänder abfallen oder brechen können: Er ist schnell, schmerzlos, dauerhaft und zuverlässig. Bitten Sie den Tierarzt, den Chip zu implantieren, und wenn der Welpe, das Kind oder das Pferd verschwunden ist, haben Sie eine viel größere Chance, wiedergefunden zu werden. Erkundigen Sie sich beim Züchter oder Tierheim, ob der Welpe oder Hund bereits mit einem Mikrochip versehen ist, und fragen Sie, wie Sie den Chip an Ihrer Adresse anbringen können.

Alles, worauf man kauen kann: Hunde kauen gerne, und ein zahnender Welpe oder Hund kann alles fressen, was er in seinen Kiefer bekommt. Und wenn Sie Ihre Stiefel, Schuhe und Couch abdecken wollen, geben Sie Ihrem Welpen oder Hund stattdessen eine Reihe von Kauartikeln, an denen er seine Zähne testen kann. Achten Sie nur darauf, dass sie ungiftig und langlebig sind und die Zähne des Welpen oder Hundes nicht zu sehr strapazieren. Und lassen Sie Ihren Welpen oder Hund nie mit etwas allein, das ihn erschrecken oder ihm einen Stromschlag versetzen könnte.

Es gibt eine unglaubliche Auswahl an Hundespielzeug - schauen Sie in Ihrer nächsten Tierhandlung oder im Internet nach: Sie werden gesunde Reifen, Stöcke, Schlingen, Schlepper und Frisbees aus Leder finden. Sie sind alle darauf ausgelegt, das Spielen und Trainieren für Sie und Ihren Welpen noch angenehmer zu machen.

Pflegeset Es geht nicht nur darum, die Haare zu entwirren und Ihren Welpen oder Hund gut aussehen zu lassen, sondern die Pflege ist auch eine Bindungsaktivität, die sie ermutigt, wieder bei ihrer Familie zu sein. Holen Sie sich einen Kamm oder ein Handtuch in Ihrem Zoogeschäft und vereinbaren Sie regelmäßige Pflegesitzungen. Für unterschiedliche Fellarten sind spezielle Bürsten erforderlich - fragen Sie das Personal in der Tierhandlung, den Züchter Ihres Welpen oder Hundes oder andere Besitzer von Hunden wie dem Ihren um Rat.

Sie müssen die Nägel des Hundes trotzdem schneiden und sie regelmäßig waschen - es lohnt sich also, eine Nagelschere und ein hundefreundliches Shampoo zu kaufen.

Treppenschutzgitter Treppen, Balkone und Teiche sind für einen neugierigen Welpen oder Hund unerreichbar - ein sorgfältig angebrachtes Baby-Treppenschutzgitter sollte also ausreichen, wenn Sie nicht vor Ort sind, um die Aufsicht zu übernehmen. Oft hilft ein Gatter, Ihre Möbel und Gegenstände vor dem unaufhaltsamen Kauverhalten Ihres Welpen oder Hundes zu schützen.

Wenn Sie Ihren Welpen oder Hund in einer Kiste nach Hause bringen, haben Sie vielleicht eine Reisekiste bekommen. Solange die Kiste groß genug ist, damit sich Ihr Welpe oder Hund darin problemlos bewegen kann, ist sie auch ideal für den Innenbereich geeignet. Hunde neigen dazu, in ihrem eigenen Bett auf die Toilette zu gehen, aber in den ersten Wochen, in denen sich der Welpe oder Hund an seinen neuen Tagesablauf gewöhnt, ist eine Kiste eine perfekte Hilfe beim Toilettentraining. Sie können sie auch verwenden, um mit ihnen neue Sehenswürdigkeiten und Geräusche im Fahrzeug zu erkunden. Bringen Sie den Welpen oder Hund nachts in seinem Käfig ins Bett, damit er nicht auf den Boden uriniert oder kotet, solange Sie ihn zu geeigneten Zeiten herauslassen.

Die erste Mahlzeit Ihres Hundes Die Ankunft in seinem neuen Zuhause ist eine große Umstellung für Ihren Hund. Das Schönste, was Sie tun können, ist, ihm eine Tasse mit derselben Mahlzeit zu geben, die er gewohnt ist zu essen. Dadurch wird sich Ihr Hund wohl und sicher fühlen.

Sie sollten dann entscheiden, welche Mahlzeit Sie ihnen danach geben möchten. Wenn Sie die Ernährung von Hunden umstellen wollen, sollten Sie sie langsam über 5-7 Tage entwöhnen, indem Sie das neue Futter mit dem alten kombinieren. Es ist wichtig, ein vollwertiges und gesundes Hundefutter anzubieten, das dem Alter und der Lebensweise der Hunde entspricht.

Halsbänder und Leinen gibt es in einer großen Auswahl an Materialien. Empfehlenswert sind Halsbänder aus Nylon oder flexiblem, weichem Leder, da sie mit Ihrem Welpen oder Hund mitwachsen können. Wechseln Sie die Schlaufe, und Sie können problemlos ein paar Finger zwischen das Halsband und den Hals Ihres Welpen oder Hundes schieben. Überprüfen Sie die

Passform regelmäßig; Sie werden erstaunt sein, wie schnell sie sich entwickeln.

Wenn Sie einen sehr kleinen Hund haben, z. B. einen Miniaturterrier oder eine Zwerghundrasse, können Sie eine Leine in Betracht ziehen - sie macht es einfacher, empfindliche Hälse zu bedecken. (Vergessen Sie nicht, darauf zu achten, dass Ihr Welpe oder Hund noch eine Erkennungsmarke trägt.) Der erste Tierarztbesuch Ihres Welpen oder Hundes Bitten Sie Hundebesitzer in der Nähe, einen Tierarzt vorzuschlagen, oder nutzen Sie unsere Tierarztsuche-App, um einen örtlichen Dienst zu finden, und gehen Sie mit ihm spazieren, bis sich Ihr Hund an Sie und sein neues Zuhause gewöhnt hat. Neben einer allgemeinen Untersuchung müssen Sie auch an Wurmkuren, Impfungen, Mikrochips und Kastrationen denken.

Nehmen Sie ein paar Spielsachen mit und machen Sie das große Durcheinander des Hundes. Eine Fahrt zum Tierarzt kann für Ihren Hund mit dem richtigen Tierarztservice und einer guten Einstellung eher lustig als beängstigend sein.

Versicherung für Haustiere: Sie können sich jederzeit mit dem Arzt über Krankheitskosten und Gesundheitsleistungen unterhalten. Überlegen Sie, wie viel Schutz Sie brauchen, vergleichen Sie die Tarife und fragen Sie die Versicherer vor Vertragsabschluss nach ihrem Vorgehen im Schadensfall.

Einen Welpen mit nach Hause nehmen
Welpen bringen Freude, Wärme und viel Zuneigung in einen Haushalt, und manche glauben sogar, dass ohne einen Welpen keine Familie wächst. Kinder lernen mit einem Hund Bindungslektionen, und die unvermeidliche Freude, wenn sie zusammen aufwachsen, erwärmt den Geist. Welpen entwickeln

ihre eigenen Persönlichkeiten, die oft in gewisser Weise mit denen der eigenen Familie übereinstimmen. Wer kann schon widerstehen, ein kleines pelziges Freudenbündel zu besitzen?

Bedenken Sie bei der Entscheidung für einen Welpen alle damit verbundenen Kosten und die Belastung, die mit der Haltung eines Hundes für 12 bis 15 Jahre verbunden ist. Die Kosten für einen Hund sind beträchtlich: Tierarztrechnungen, Hundefutter, Einstreu und Spielzeug, vor allem im ersten Jahr. Wer soll sich um Ihr neues Familienmitglied kümmern, wenn Sie nicht da sind, weil Sie immer lange Arbeitszeiten oder Urlaub haben? Erst wenn Sie sich über diese große Investition im Klaren sind, können Sie sich auf die Suche nach einem Hund machen, denn es gibt nur wenige Menschen, die sich nicht in diese großen braunen Augen verlieben.

Welpensicherheit für das Zuhause

Es gibt viele mögliche Gefahren in Ihrem Haus, die Ihrem Welpen Probleme bereiten könnten. Welpen sind lustige und abenteuerlustige Tiere, die dazu neigen, auf ihren frischen Zähnen zu kauen, und da sie noch so klein sind, können sie sich an Orte schleichen, von denen Sie noch nicht einmal gehört haben.

Vergewissern Sie sich, dass Reinigungs- und Waschmittel sicher aufbewahrt werden und dass die Seifenstücke nicht so platziert sind, dass Ihr Hund sich daran festbeißen kann. Lassen Sie keine Plastiktüten herumliegen, in denen er sich verheddern kann, und stellen Sie sicher, dass kleine Gegenstände wie Nähmaschinen und Spielzeug nicht auf Tischen oder Schränken in niedriger Höhe abgestellt werden. Halten Sie den Toilettendeckel geschlossen, um den Hund davon abzuhalten, in die Wanne zu springen und zu fressen. Der Deckel kann einstürzen und ihn verletzen oder einklemmen, und die Reinigungsmittel und Blöcke in den Schüsseln sind für Tiere giftig.

Zimmerpflanzen können sowohl giftig als auch verlockend für Welpen sein. Entfernen Sie alle Zimmerpflanzen oder pflanzen Sie sie außerhalb der Reichweite Ihres Welpen in Hängekörbe.

Auch in der Garage gibt es Risiken, da bestimmte Schadstoffe auf dem Feld zurückgelassen oder in geringer Menge ausgebracht werden. Rattengift, Frostschutzmittel, Mottenkugeln, Düngemittel und Insektizide sind für Welpen besonders attraktiv, weil sie tödlich sein können. Gehen Sie nicht davon aus, dass dies nur daran liegt, dass die Garage geschlossen ist und der Welpe frei ist. Nehmen Sie sich etwas Zeit, um aufzuräumen und alle gefährlichen Stoffe außer Sichtweite des Welpen zu bringen.

Wenn Sie ein neugieriges Kätzchen mit nach Hause nehmen, ist es wichtig, das Haus "katzensicher" zu machen, um sicherzustellen, dass es gesund ist. Bewahren Sie kleine Dinge wie Gummibänder, Knöpfe und Perlen außer Reichweite auf und achten Sie darauf, dass bestimmte Chemikalien und Pflanzen im Haus für Kätzchen potenziell giftig sind.

Gehen Sie tief hinunter und suchen Sie hinter Schränken oder unter Sofas nach Ecken und Winkeln, in die das Kätzchen gerne hineinschlüpft. Verschließen Sie diese mit einer Pappe oder fügen Sie ein doppelseitiges Klebeband hinzu, da Kätzchen das klebrige Papier nicht mögen. Schneiden Sie aus dem Regal hängende Schnüre und zarten Schmuck ab, und schließen Sie noch Schubladen und Schranktüren.

Die erste Nacht des Hundes

Wenn Ihr Hund in seinem neuen Zuhause ankommt, bringen Sie ihn zuerst in sein Badezimmer und lassen Sie ihn eine Weile herumlaufen. Dann setzen Sie ihn für einige Zeit in seine Kiste, wo er sich wohlfühlt und seine neue Welt betrachten kann, ohne von anderen Menschen oder Hunden bedroht zu werden.

Halten Sie den Hund in den ersten ein bis zwei Wochen nachts in seinem Käfig an Ihrer Seite. Er wird sich in seiner eigenen Umgebung wohlfühlen und Sie können sich in der Gewissheit entspannen, dass er keinen Unfug anstellt. Geben Sie ihm ein Kauspielzeug und ein angenehm duftendes Handtuch oder eine Decke, und legen Sie ab und zu den Arm über das Bett, damit er vor dem Schlafengehen an Ihren Fingern schnüffeln und sie ablecken kann.

Bieten Sie ihm ein Nachtlicht, eine tickende Uhr oder beruhigende Musik an, wenn Ihr Welpe in einem anderen Zimmer schläft. Wahrscheinlich wird er in der ersten Stunde weinen, weil er seine Familie vermisst.

Viele Welpen müssen nachts und frühmorgens wieder ins Freie gebracht werden. Stellen Sie den Wecker, wenn möglich, so dass Sie aufwachen, während Sie den Welpen ermutigen, die regelmäßige Nachttoilette und das Verschmutzen der Einstreu zu kennen.

Sozialisierung

Die Sozialisierung ist der Zeitraum, in dem ein Welpe Beziehungen zu anderen Menschen und Tieren in seiner Umgebung aufbaut, was ihm hilft, sich an Haushaltsgeräusche wie Staubsauger, Musik und Autofahren zu gewöhnen. Sobald Ihr Welpe geimpft ist und an der Leine läuft, sollten Sie ihn in verschiedenen Umgebungen unterbringen und ihn anderen Tieren aussetzen (einschließlich Katzen, Kaninchen, Hühnern und Meerschweinchen) und sicherstellen, dass alle Tiere gesund sind. Besuchen Sie Strände, Seen und Festivals und schicken Sie ihn sogar in ein Geschäft von Great Pets and Gardens, wo er verwöhnt wird und lernt, sich in einer neuen Umgebung zurechtzufinden, ohne ängstlich oder scheu zu sein.

Stubenreinheit

Legen Sie draußen einen Ort fest, an dem Sie auf die Toilette gehen können, und zeigen Sie Ihrem Hund, wie er sich richtig erleichtert. Befestigen Sie die Leine an seinem Halsband und schicken Sie ihn mit dem Befehl "Geh aufs Töpfchen" oder "Geh auf die Toilette" zu dem Ort. Wiederholen Sie dies so oft, bis der Welpe sich erleichtert hat, und bedanken Sie sich dann bei ihm, wenn er getan hat, was Sie verlangt haben. Das kann eine Weile dauern, also regen Sie sich nicht auf oder werden Sie wütend.

Nehmen Sie den Welpen zum Fressen und Trinken wieder mit ins Haus und wiederholen Sie den Vorgang etwa 15 Minuten nach dem Fressen draußen. Bringen Sie den Welpen während einer Mahlzeit immer zu seiner Toilette, bevor er selbst dorthin geht.

Und gut ausgebildete Hunde haben Verletzungen. Reinigen Sie den Ort mit einem Neutralisator Haustiergeruch und der Hund würde nicht versucht sein, dorthin zurück zu gehen.

Wenn sich die Stubenreinheit weiterhin schwierig gestaltet, liegt das möglicherweise daran, dass dem Welpen schon so früh so viel Selbstständigkeit zugestanden wurde, so dass Sie die Trainingsphase wieder aufnehmen müssen. Wenn der Welpe nachts seine Kiste beschmutzt, sollten Sie ihm Futter und

Wasser wegnehmen, denn er könnte sich damit vollstopfen und gezwungen sein, sich selbst zu säubern, obwohl er das nicht will. Eine Ernährungsumstellung, nächtliche Snacks und mangelnde Bewegung führen ebenfalls zu Verletzungen.

Fütterung

Welpen sind sehr beschäftigt und wachsen schnell, und sie verbrauchen viel Energie. Es ist notwendig, ihnen Futter zu geben, das speziell für eine gesunde und vollwertige Ernährung entwickelt wurde, die ihrem Lebensstadium entspricht. Wenn Sie Ihren Welpen zum ersten Mal beim Züchter abholen, sollten Sie sich vergewissern, dass der Welpe das richtige Futter bekommt. Wenn der Welpe zu mager oder zu groß ist oder nicht wächst, wenden Sie sich umgehend an den Arzt und fragen Sie ihn nach der richtigen Nahrung für Ihren Welpen.

Bei der Auswahl des richtigen Futters für Ihren Hund brauchen Sie ein gehaltvolles und nahrhaftes Futter, das leicht zu verzehren ist und natürlich gut schmeckt. Die Auswahl ist groß und es kann schwierig sein, eine Entscheidung zu treffen, aber Sie können es sich einfacher machen, wenn Sie Ihren Welpen in das Geschäft Decent Pets and Gardens bringen. Unsere Abteilung hat ganzheitliche Untersuchungen über alle hochwertigen Hundenahrungen durchgeführt und kann Ihnen bei der Auswahl des besten Futters für Ihren Welpen helfen.

Bringen Sie ihn zu Decent Pets and Gardens, um Ihren Welpen zu wiegen, und benutzen Sie die exklusive "Hundewaage", die im Geschäft erhältlich ist.
Trockenfutter ist bei Hundebesitzern beliebt, da es leicht zu transportieren und zu servieren ist und durch seine Knusprigkeit die Zähne des Hundes gesund hält. Manche fügen gerne warme, verarbeitete Lebensmittel hinzu, die für eine

gesunde Ernährung nicht erforderlich sind und für ein wenig Abwechslung sorgen können.

Welpenkekse können auch mit warmem Wasser leicht aromatisiert werden, was sie schmackhafter und für Babyzähne schwieriger zu kauen macht.
Die Dosierung richtet sich ausschließlich nach dem Alter, dem Temperament und dem Aktivitätsniveau des Welpen; beachten Sie die Karten auf den Hundefutterpackungen, die Hinweise auf die zu verabreichenden Mengen enthalten.

Wenn eine Spanne wie "Füttern Sie zwischen 1 und 1½ Tassen" angegeben ist, beginnen Sie zunächst mit der niedrigeren Menge (1 Tasse) und erhöhen Sie die Menge langsam nach Bedarf.

Junge Welpen haben einen kleineren Magen und können den Bedarf eines ganzen Tages nicht mit einer einzigen Mahlzeit decken, beginnen Sie also mit drei kleinen Mahlzeiten pro Tag. Reduzieren Sie die Fütterungen langsam auf eine am Morgen und eine am Abend, und achten Sie darauf, dass die Routine eingehalten wird. Wenn sich ein Welpe der Reife nähert, verringert sich sein Kalorienbedarf, und er kann weiterhin etwas Futter in den Napf geben. Das bedeutet nicht, dass er das Futter nicht mag oder sich unwohl fühlt, es ist nur ein Zeichen dafür, dass er satt ist, und Sie sollten seine Mahlzeiten nur ein wenig einschränken.

Die Physiologie eines Welpen unterscheidet sich von der Ihren, und was für Sie gesund sein könnte, kann für ihn gefährlich sein. Vermeiden Sie das Vorhandensein von kleinen Knochen, Schokolade, Milchprodukten, Fettabfällen und Zuckerleckereien.

Nehmen Sie keine größeren Änderungen an der Ernährung des Welpen vor, bis ein Arzt dies empfiehlt. Die Entwicklung eines Welpen sollte mit 12 bis 18 Monaten abgeschlossen sein, und jetzt ist es an der Zeit, auf Erwachsenenmilch umzustellen. Bei Welpen großer Rassen kann es bis zu zwei Jahre dauern, bis sie auf Welpennahrung umgestellt werden.

Nehmen Sie das neue Futter nach und nach über einen Zeitraum von 7 bis 10 Tagen auf, indem Sie das Verhältnis von frischem zu altem Futter pro Tag erhöhen. Lose Stühle oder ein unruhiger Bauch sind ein Anzeichen dafür, dass sich die Umstellung verlangsamt.

Welpen kauen oft auf ihrem eigenen Kot herum. Dies hat nichts mit der Ernährung zu tun, sondern ist ein Verhalten, das bei vielen Hunden durch Müdigkeit, Bewegungsmangel oder sogar durch Beobachtung dieses Verhaltens entsteht. Es ist schwer, dies zu vermeiden, aber ein Fachmann kann Ihnen vielleicht ein paar Tipps geben. Heben Sie zumindest den Kot auf und beseitigen Sie die Gefahr so früh wie möglich.

Wie andere Tiere auch benötigen Hunde Wasser, um ihre Körpertemperatur zu regulieren, Nahrung aufzunehmen, Abfallstoffe auszuscheiden und Nährstoffe durch den Körper fließen zu lassen. Sauberes Trinkwasser steht Hunden immer noch offen, daher ist es klug, viele Behälter sowohl innerhalb als auch außerhalb des Grundstücks aufzustellen. Achten Sie darauf, dass sie nicht umgekippt werden können, denn es wäre ekelhaft für Ihren Hund, an einem heißen Tag ohne Wasser zu sein.

Welpenspiel

Welpen lieben es zu spielen, und das ist der beste Weg für ihn, sich mit Ihnen zu verbinden, sich zu bewegen und seine Energie zu steigern. Es gibt eine große Auswahl an Spielzeugen, die den Welpen zum Rennen, Spielen, Kauen und Kuscheln anregen, und es gibt unbegrenzte Möglichkeiten für Spaß.

Hören Sie auf, kurz vor dem Schlafengehen mit Ihrem Hund zu spielen, sonst ist er voller Aufregung, wenn Sie das Haus verlassen, ähnlich wie ein Kind, das sich nicht beruhigen will. Welpen genießen es, wenn sie einige Zeit alleine spielen können. Bringen Sie sie in eine ruhige Umgebung, während sie alleine sind, und geben Sie ihnen eine Reihe von welpenfreundlichem Spielzeug und Kauspielzeug, die sie beschäftigen.

Es gibt viele lustige Spielzeuge im Internet, wie z. B. Heilbälle, die einen Welpen unterhalten, während er versucht, den Ball zu rollen und die Behandlungen herausfallen zu lassen. Wechseln Sie das Spielzeug alle paar Wochen aus, damit der Welpe nicht ermüdet, und testen Sie es regelmäßig, um sicherzustellen, dass es sicher ist und nicht zu klein für das wachsende Maul des Welpen wird.

Plüschtiere für Kinder sind für Hunde nicht geeignet, da sie sich durch ihr Kauen aus der Polsterung, den Knöpfen oder losen Teilen lösen und daran ersticken können.

Vermeiden Sie den Wunsch, mit Welpen zu ringen, "Kriegsfahne" zu spielen oder Spiele, bei denen gekratzt oder angegriffen wird. Wenn er jung ist, kann das ganz niedlich sein, aber seine Zähne können sehr scharf werden, und Sie möchten nicht, dass er diese groben Spiele auch noch spielt, wenn er erwachsen ist. Wenn er beißt, sagen Sie "Nein" und klatschen Sie gleichzeitig kurz und gehen Sie dann weg.

Schlafen

Vielleicht sind Sie versucht, Ihren Welpen in Ihrem eigenen Kopfkissen schlafen zu lassen, aber denken Sie daran, dass dies eine Routine ist, die ein Leben lang andauert. Wenn Sie zufrieden sind, wenn er schläft, während er erwachsen ist, ist das kein Problem, aber es ist vielleicht besser, andere Möglichkeiten zu finden, wenn er noch klein ist. Vielleicht schläft er neben Ihrem Bett, in einem anderen Zimmer oder sogar unter einer überdachten Veranda, wenn er älter wird.

Entscheiden Sie, wo Ihr Welpe schlafen wird, bevor Sie ein Bett kaufen. Es gibt Hundebetten mit verschiedenen Eigenschaften, die auf die Größe, das Alter und die Lebensumstände Ihres Welpen abgestimmt sind.

Es gibt sehr schöne und funktionelle Betten, die zur Einrichtung der meisten Wohnungen passen und Ihrem Welpen einen gemütlichen Schlafplatz bieten. Besonders nützlich sind Betten mit abwaschbarem Bezug. Wählen Sie also ein Bett, das reichlich gepolstert ist, um eine gute Isolierung zu gewährleisten.

Wenn Welpen auf Beton oder gefrorenen Böden schlafen, werden manche Betten vom Boden abgehoben, was in Ordnung ist. Sorgen Sie dafür, dass Ihr Hund eine bequeme Decke in seinem Zimmer hat, oder einen alten Pullover, und vielleicht sein Lieblingsspielzeug zum Kuscheln.

Bürsten

Wenn Sie Welpen schon früh an das Bürsten gewöhnen, wird die Behandlung sicherer, wenn sie älter werden. Beginnen Sie mit kurzen Sitzungen, bürsten Sie sanft ihre Ohren und Pfoten und geben Sie ihnen eine "Massage" mit Ihren Fingerspitzen. Die

Welpen werden sich schon früh auf das Bürsten konzentrieren, und diese gemeinsame Zeit ist die perfekte Gelegenheit, sie auf Flöhe, blaue Flecken und Schnitte zu untersuchen.
Setzen Sie nach und nach Bürsten ein, auch wenn sie diese zunächst für ein Spielzeug halten.

Wenn das der Fall ist, bleiben Sie ruhig und loben Sie Ihr Tier mit positiver Verstärkung für ein paar gute Sekunden. Erheben Sie nicht Ihre Stimme und regen Sie sich nicht über Ihr Haustier auf, damit es diese Erfahrung lieben lernt und nicht nervös wird, wenn es das nächste Mal gestriegelt werden muss.

Welpen sollten auch dann gebadet werden, wenn sie sehr schlammig sind, denn durch zu häufiges Baden wird der Haut ihr natürliches Fett entzogen. Wählen Sie ein Shampoo, das für den Welpen geeignet ist. Diese sind viel besser als ein menschliches Shampoo und haben für einen Welpen möglicherweise nicht den richtigen pH-Wert. Bevor Sie den Welpen zum Waschen abholen, bereiten Sie ihn vor - mehrere Decken, eine Decke, lauwarmes Wasser und ein Shampoo.

Legen Sie ein Gummipolster in die Toilette oder das Waschbecken, damit er nicht hinfällt. Blasen Sie einige Knoten durch, bevor Sie Wasser auf sein Hemd geben. Reiben Sie das Shampoo ein und achten Sie dabei besonders darauf, dass die Seifenlauge nicht in die Augen und den Gehörgang gelangt, und schrubben Sie dann die Ohren, die Pfoten und den Unterbauch ab. Je nach Haarstruktur des Welpen kann ein zweites Shampoo erforderlich sein. Verwenden Sie ein Fensterlederhandtuch, um zusätzliche Feuchtigkeit aufzusaugen, und trocknen Sie ihn dann mit einem weichen, flauschigen Handtuch ab.

Holen Sie sich ein Exemplar unseres Informationsblatts "Grooming Cats and Dogs" (Katzen- und Hundepflege) im Best Pets and Gardens Shop oder besuchen Sie unsere Website, um mehr über das Rasieren, Schneiden von Haaren, Bürsten von Zähnen, Ohren und Augen und die zu verwendende Pflegeausrüstung zu erfahren.

Zweites Kapitel
Tipps zum Töpfchentraining

Töpfchen zu lehren ist besser, als den Hund einfach alle paar Stunden rauszuholen. Dazu müssen Sie die Umgebung und den Lebensstil des Hundes überwachen, damit es nicht zu Zwischenfällen kommt. "Sicherheit ist der Schlüssel Das Geheimnis des Töpfchentrainings besteht darin, den Welpen regelmäßig nach draußen zu bringen (bei einem acht Wochen alten Welpen im Durchschnitt alle zwei Stunden) und ihm niemals die Möglichkeit zu geben, einen Töpfchenunfall zu haben. Das sind mindestens acht Ausgänge pro Tag!

Wenn Sie Ihrem Hund nicht mehr die Möglichkeit geben wollen, im Haus zu kacken, muss er, während er im Haus ist, entweder

- In ihrer Kiste
- In einem welpensicheren und töpfchensicheren Laufstall mit einem Töpfchenbereich, der eine geeignete Oberfläche für das Töpfchen enthält (z. B. Kunstrasen oder Pinkelpads)
- Mit einer Leine an dich gebunden, damit sie nicht herumlaufen kann, um im Haus aufs Töpfchen zu gehen, oder unter deiner strengen Kontrolle in einem geschlossenen Raum. Klare Beobachtung stellt sicher,

dass Sie sie immer noch anstarren. Sie wird einen Töpfchenfehler machen, sobald Sie zur Seite gehen.

Beginn des Töpfchentrainings

Halten Sie sich einen Monat lang an dieses Programm, und sie wird sich angewöhnen, regelmäßig nach draußen zu gehen und drinnen zu bleiben. Behalten Sie sie dann noch einige Monate lang genau im Auge, vor allem, wenn Sie sie auf Reisen zu anderen Menschen mitnehmen, bevor Sie sie auf das Töpfchen schicken.

Das Töpfchentraining beginnt damit, dass das Tier lernt, sich in einem Käfig (oder einer anderen kleinen Umgebung) wohl zu fühlen und zu schlafen.

Das Ziel des Boxentrainings ist es, dass Ihr Welpe lernt, sich in seiner Box zu entspannen.

KASTEN

Abends wird der Hund in der Kiste schlafen und tagsüber ein Nickerchen darin machen. Sie sollten es ihr mit einer Decke gemütlich machen und ihr beibringen, sich an ihrem Käfig zu erfreuen, und zu bestimmten Zeiten Leckerlis hineinlegen. Schicken Sie ihr dann Spielzeug und streicheln Sie sie, bis Sie die Tür schließen, während sie sich darin aufhält. Das Hauptziel des Boxentrainings besteht darin, dass sie von sich aus oder auf ein visuelles Signal hin in die Box geht, und nicht, dass sie hineingedrängt oder überredet wird. Wenn sie dann drin ist, ist sie immer noch ruhig, entspannt und cool.

KASTENGRÖSSE

Die Kiste sollte groß genug sein, damit der Welpe sich hinlegen und umdrehen kann, aber nicht groß genug für einen speziellen Töpfchenbereich. Durch das Einsetzen einer Box kann die Kiste vergrößert werden, und wenn der Welpe wächst, kann die Kiste durch einen größeren Käfig erweitert werden.

KISTEN UND GEJAMMER

Die meisten Welpen stöhnen, wenn sie das erste Mal in der Kiste sind. Wir sind nicht daran gewöhnt, dass ihre Familien nur begrenzt Zutritt haben. Es ist wichtig, dass Welpen verstehen, dass es gut ist, isoliert oder eingesperrt zu sein. Das Jammern wird nach einer Woche aufhören, wenn Sie von Anfang an auf das Kistentraining achten. Wenn Sie Ihren Welpen belohnen, indem Sie ihn bellen lassen, kann das Bellen zu einem ernsthaften Angst- oder Ärgerhindernis werden, das Sie davon abhält, Ihren Hund in einem anderen Raum oder im Gebäude allein zu lassen.

Tipps zur Vorbeugung und zum Umgang mit weinenden Welpen

- Lassen Sie den Hund nicht aus dem Schrank, wenn er bellt oder jammert, da Sie sonst das Bellen/Weinen noch verstärken und es noch schlimmer wird. Warten Sie stattdessen mit dem Herauslassen, bis sie sich beruhigt haben.
- Sie sollten Ihren Hund sogar für gute Taten loben, indem Sie ihm Kekse in die Kiste werfen, wenn er still ist, oder indem Sie die Tür öffnen und ihm Aufmerksamkeit schenken, wenn er still ist.
- Stellen Sie sicher, dass Sie Spielzeug und das Essen Ihres Welpen in die Kiste legen, wenn Sie es hineinbringen, damit es mit guten Begegnungen in der Kiste in Verbindung gebracht wird.
- Wenn Sie sich nicht sicher sind, ob das Winseln ein natürliches Phänomen ist, sollten Sie sich dringend mit einem Experten für Tierverhalten in Verbindung setzen,

bevor das Winseln zu einem teuren und störenden Problem wird.
- Einige hervorragende Züchter bringen ihren Welpen bei, das Leben allein in einem Käfig zu genießen, lange bevor sie sie adoptieren. Erkundigen Sie sich, wie Ihr Züchter die Vorbereitung auf die Kiste fortsetzen kann, bevor Sie Ihren Welpen abholen, um ihn mit nach Hause zu nehmen.

Welpe schnell auf sein Töpfchen bringen

Dazu gehören eine tägliche Routine und ein schnelles Foto, wie Puppy zu ihrem Töpfchen kommt. Morgens als Erstes: Rennen Sie mit Ihrem Hund zu seinem Töpfchen, wenn Sie ihn aus der Kiste lassen, bevor er sich hinsetzen und pinkeln kann. Wenn Sie sich nicht sicher sind, ob sie es draußen lange genug aushalten kann, um es zu schaffen, nehmen Sie sie heraus.

Führen Sie sie zu ihrem Töpfchen: Wenn Sie sie ohne Leine ausführen, gehen Sie zügig oder sprinten Sie den Flur entlang, um sie aufzuhalten. Möglicherweise muss sie angeleint sein und hat keine Chance zu entkommen. Eine Verzögerung von nur einer Sekunde würde ihr die Möglichkeit geben, sich zu setzen und drinnen aufs Töpfchen zu gehen. Das heißt, wenn Sie eine Treppe haben, sollten Sie sie am besten tragen, denn ihr Widerwille reicht aus, um sie zu ermutigen, in die Hocke zu gehen und direkt vor die erste Stufe zu pinkeln.

Warten Sie, während sie trinkt: Führen Sie sie an der Leine aus, damit sie nicht herumstreunen und verwirrt werden kann, oder bringen Sie sie besser in einen kleinen geschlossenen Bereich. Warten Sie in aller Ruhe, bis sie aufs Töpfchen geht. Wenn sie fertig ist, bedanken Sie sich bei ihr, streicheln Sie sie oder geben Sie ihr ein Leckerchen, wenn sie fertig ist. Achten Sie nur darauf, dass Sie sie nicht vom Beenden abhalten. Wenn sie nach fünf Minuten nicht aufs Töpfchen geht, bringen Sie sie für 15 Minuten in ihre Kiste und versuchen es dann erneut. Wiederholen Sie die 20-Minuten-Behandlung, bis es klappt. Sie sollten mit ihr spielen, bis sie aufs Töpfchen gegangen ist.

Hinweis: Am Anfang kann es langweilig sein. Versuchen Sie, während der Wartezeit Musik zu hören oder ein Buch auf Kassette zu hören, und besorgen Sie sich sogar einen Timer, damit Sie nicht schon während der fünf Minuten unruhig werden.

Wie oft werden Sie mit ihr ausgehen?
Starten Sie einen acht Wochen alten Welpen alle zwei Stunden. Acht Wochen alte Welpen werden tagsüber und nachts bis zu zwei Stunden lang in einer Box untergebracht, während sie bewusstlos sind. Im Allgemeinen sollten Hunde in Monaten mit der gleichen Anzahl von Stunden, die ihrem Alter entspricht, tagsüber eingepfercht werden. Ein drei Monate alter Welpe wird drei Stunden am Stück eingepfercht, wenn er nicht kurz vor dem Reinkommen einen großen Schluck Wasser getrunken hat.

Ausführen des Welpen nach dem Mittagsschlaf: Zusätzlich zur Zwei-Stunden-Regel sollte der Welpe immer dann ausgeführt werden, wenn er aus dem Schlaf erwacht oder zuerst aus seiner Kiste oder seinem Laufstall kommt.

Nach dem Spielen mit ihr aufs Töpfchen gehen: Wenn sie nicht aufs Töpfchen geht, sollten Sie sie für 15 oder 30 Minuten in ihre Kiste setzen und dann wieder mit ihr rausgehen.

Nehmen Sie sie heraus, da ihre Körpersprache darauf hindeutet, dass sie einen Platz zum Pinkeln sucht: Es kann diskret sein, Anzeichen dafür zu sehen, dass sie gehen wird. Normalerweise fangen sie an zu schnüffeln, zu kreisen oder sich vom Boden zu entfernen.

Bringen Sie sie 10 bis 20 Minuten nach dem Wasserholen hinaus. Stellen Sie das Wasser für etwa eine Stunde ab, bevor Sie sie zum letzten Mal am Tag aufs Töpfchen gehen lassen, damit sie in der Nacht nicht mehr aufs Töpfchen gehen muss. Das kann sie sieben oder acht Stunden in der Nacht tun.

Profitieren Sie von Ihren Fehlern: Zweifellos müssen Hunde eine Million Mal am Tag aufs Töpfchen gehen. Lernen Sie, vorauszusehen, wo Ihr Welpe hingehen muss, und vermeiden Sie Verletzungen. Jedes Mal, wenn er sich verletzt hat, sollten Sie aus der Vergangenheit lernen, um denselben Fehler nicht noch einmal zu begehen. Beim Töpfchentraining geht es darum, eine Routine dafür zu entwickeln, dass der Hund immer dann aufs Töpfchen geht, wenn er das Bedürfnis hat, und ihm nie die Gelegenheit zu geben, drinnen einen Unfall zu haben.

Um das Töpfchen zu trainieren, müssen Sie es ständig beaufsichtigen.
Wenn Sie genau wissen, wann sie aufs Töpfchen gehen muss, können Sie ein Wort der Warnung hinzufügen. Sagen Sie "Geh aufs Töpfchen" nur einmal mit lauter, motivierender Stimme, kurz bevor Sie wissen, dass sie sich hinsetzen wird. Wenn Sie das Wort einige Sekunden, bevor sie aufstehen muss, konsequent aussprechen können, weiß sie, dass "Geh aufs Töpfchen" bedeutet, dass sie Nummer 1 oder Nummer 2 machen muss. Vermeiden Sie es, das Wort immer wieder zu sagen, sonst wird es für sie nur noch statisch.

Töpfchentraining erfordert ständige Beaufsichtigung Bis es erfolgreich ist, muss der Hund persönlich beaufsichtigt oder mit einem Freisprechgeschirr oder einer Kette oder einem Laufstall in Ihrer Nähe an Sie gebunden werden. Alternativ kann er an einem töpfchensicheren und welpensicheren Ort im Freien sein. So kann sie lernen, auf das Töpfchen zu achten, wenn Sie nicht draußen sind. Lassen Sie sie jedoch nicht stundenlang unbeaufsichtigt draußen. Bedenken Sie, dass selbst junge Welpen Wärme und Kälte weniger gut vertragen.

Meine Hündin ist mit einer Leine an mich gebunden: Auf diese Weise ist sie immer in meiner Nähe, wenn ich von einem Ort zum anderen gehe. Wenn sie neben mir steht, ist es unwahrscheinlicher, dass sie aufs Töpfchen geht, weil ich sie immer noch im Blick habe und ich sie schnell rausschicken kann.

Es ist viel unwahrscheinlicher, dass sie in Schwierigkeiten gerät - unerwünschte Dinge anknabbern, auf Tische springen, den anderen Hund stören -, weil sie unter meiner Kontrolle steht.

Sie ist hier mit einem Seil an einem Möbelstück in meiner Nähe angebunden: Von hier aus kann ich sie schnell loben, wenn sie sich friedlich hinsetzt oder hinlegt, und sicherstellen, dass sie nicht wegläuft, um aufs Töpfchen zu gehen oder an etwas Unerwünschtem zu kauen.

Achten Sie darauf, dass Ihr Hund genügend Leckerlis zur Verfügung hat, um sich zu beschäftigen: Überall, wo er eingesetzt wird, hat er genügend Leckerlis zum Naschen. Wenn sie nach anstößigen Dingen wie Ihren Schuhen oder Papieren pickt, nehmen Sie diese aus ihrem Maul und aus ihrer Auswahl und stecken Sie ihr eines der Dinge ins Maul, die sie als Welpe mag. Ähnlich wie bei einem zweijährigen Mädchen müssen Sie diesen Spielzeugtausch einige Male wiederholen, damit sie ihn versteht.

Sorgen Sie dafür, dass sie etwas zum Kauen hat: Lucy kaut hier auf einem welpensicheren Kauspielzeug - einem Bully-Stock.

Für einen heranwachsenden Welpen ist eine Vielzahl von Spielzeugen wichtig. Wenn Lucy auf einem kleinen Stückchen herumkaut, das klein genug ist, um es ganz zu verschlucken, aber groß genug, um in ihrer Speiseröhre, ihrem Magen oder ihren Därmen stecken zu bleiben, nehme ich das Kauspielzeug weg.

Laufstall: Der welpensichere Laufstall ist eine Alternative zum Verschlag, wenn Sie längere Zeit unterwegs sind. Er verfügt über eine Couch, ein Bad, Spielzeug und einen Töpfchenbereich, der mit Pinkelpads ausgelegt ist. Wenn sie es sich nicht leisten kann, nach draußen zu gehen, wird sie hoffentlich auf der Decke aufs Töpfchen gehen wollen. Das Ziel eines Laufstalls ist es, dass der Welpe eine Toleranz für Substrate entwickelt; er wird es vorziehen, sein Bett sauber zu halten und auf die Oberfläche zu machen, die von seinem Zimmer getrennt ist.

Mein Hündchen ist daran gewöhnt, im Garten auf Kunstrasen zu töpfern, und eine Indoor-Rasen-Topfmaschine könnte ein perfektes Substrat für ihren Laufstall sein.

Was passiert ohne Kontrolle der Adleraugen? Das ist passiert, als ich Lucy 20 Sekunden lang ohne Leine laufen ließ. In den ersten drei Tagen vor diesem Vorfall hätte sie keine Verletzungen gehabt. Am vierten Tag ließ ich sie dreimal ohne Leine in einen Raum mit mir gehen. Zwei dieser Male hatte sie Verletzungen, obwohl sie vor fünf Minuten draußen getöpfert hatte und nur 30 Sekunden lang außer Sichtweite war. In jeder Sekunde kann man einen Welpen nicht im Auge behalten, weil er an einen gebunden ist. Der Welpe wird immer in seiner Kiste sein, in einem Laufstall, von Ihnen angebunden oder an einem Ort, an dem es sicher ist, aufs Töpfchen zu gehen.

Was passiert, wenn ein Unfall passiert?
Versuchen Sie, Ihren Welpen zu stören, indem Sie ein scharfes, gutturales "Ah" machen. Schreien Sie nicht und züchtigen Sie ihn nicht. Dadurch lernt er nur, nicht vor Ihnen aufs Töpfchen zu gehen oder sich vor Ihnen zu fürchten. Wenn es ihr Angst macht, lassen Sie das "aa" einfach weg. Bringen Sie Ihren Hund dann auf Trab.

Bringen Sie sie da raus: Laufen Sie so schnell wie möglich raus.

Belohne gutes Verhalten: Bringen Sie sie zu einem schönen Töpfchenplatz und belohnen Sie sie mit etwas, das sie sich wünscht, wenn sie aufs Töpfchen geht. Du solltest für sie spielen, bis sie aufs Töpfchen geht. Versprich ihr also, dass du sie das nächste Mal besser beobachtest.

Aufwischen: Wischen Sie den Vorfall mit einem Lappen oder einem Handtuch auf. Waschen Sie dann die Matratze oder schrubben Sie den Boden mit einem Enzymreiniger, damit der Hund nicht nach Urin oder Kot riecht.

Was tun mit kleinen Hunden oder Welpen, die bei kaltem Wetter nicht gerne aufs Töpfchen gehen?
Nur wenige Hunde wollen bei Kälte oder Regen nicht nach draußen gehen, was ein Hindernis für das Töpfchentraining darstellen kann. In diesem Fall wäre es hilfreich gewesen, wenn der Züchter oder der frühe Betreuer die Welpen kurzzeitig mit Kälte, Regen, feuchtem Gras oder staubigen Oberflächen in Kontakt gebracht hätte, bevor Sie Ihren Welpen mit nach Hause nahmen.

Wenn Sie sie in Situationen bringen, in denen sie noch spielen kann, können Sie sich darauf konzentrieren, Ihrem Hund beizubringen, die schwierigeren Bedingungen besser zu akzeptieren. Alternativ können Sie auch ein Töpfchengerät für drinnen verwenden, damit Ihr Hund lernt, drinnen aufs Töpfchen zu gehen.

Drittes Kapitel
Welpentraining für sein kleines Haus

Schläft Ihr Hund am liebsten eine Weile unter dem Tisch, auf dem Schreibtisch oder auf dem Mantel? Der Hund fühlt sich in dem umschlossenen Bereich klein und sicher, weil es wahrscheinlich ein Nest für ihn ist. Sie können dieses Gefühl im Trainingshaus nachbilden und eine gesunde Trainingsumgebung schaffen.

Hunde mögen kleine, geschlossene Räume, weil sie ihnen Sicherheit bieten. Ein Hund, der in einem kleinen Haus gehalten wird, ist kein "tierliebes" Tier. Diese Art der Eingrenzung darf nicht als Bestrafung eingesetzt werden. Sie ist ein zusätzliches Mittel, um die Vorlieben der Tiere für kleine Räume zu definieren und zu kontrollieren. Beim präventiven Training verbringt Ihr Hund Zeit zu Hause, wenn Sie nicht da sind, um Grenzen zu setzen.

Das Zuhause wird Ihnen helfen, Ihrem Hund beizubringen, was er am richtigen Ort braucht. Hunde sollten ihre Bedürfnisse nicht an denselben Orten stillen, an denen sie schlafen. Wenn Sie Ihren Hund in einem kleinen Haus zurücklassen, während Sie nicht trainieren, wird der Hund versuchen, ihn zu fangen, bis Sie ihn freilassen. Ihre Aufgabe ist es, einen vernünftigen Zeitplan mit vielen Gelegenheiten für Ihr Haustier einzuhalten, um seine Bedürfnisse zu befriedigen und zu spielen.

Wie man ein Haus auswählt

Das Zuhause wird Ihnen helfen, Ihrem Hund beizubringen, was er am richtigen Ort braucht. Hunde sollten ihre Bedürfnisse nicht an denselben Orten stillen, an denen sie schlafen. Wenn Sie Ihren Hund in einem kleinen Haus zurücklassen, während Sie nicht trainieren, wird der Hund versuchen, ihn zu fangen, bis Sie ihn freilassen. Ihre Aufgabe ist es, einen vernünftigen

Zeitplan mit vielen Gelegenheiten für Ihr Haustier einzuhalten, um seine Bedürfnisse zu befriedigen und zu spielen.

Wenn Sie als Welpe ein kleines Haus kaufen, brauchen Sie ein Haus mit einer Trennwand, die sich verschieben lässt, um zwei unterschiedlich große Häuser oder Innenräume zu erweitern, wenn der Welpe wächst.

Wenn der Hund in der Kau-Phase ist, macht eine Decke oder ein Kissen das Haus gemütlich. Ihr kleines Haus sollte ein Ort sein, an dem Ihr Hund gerne Zeit verbringt. Kauen Sie nicht auf dem Bett herum. Manche Haustiere tun das nie, manche nicht. Benutzen Sie niemals etwas, an dem Sie im Haus ersticken.

Wie man Stubenreinheit übt

- Nehmen Sie Ihren Hund nur unter geringem Druck mit nach Hause, nicht wenn Sie ausgehen. Lassen Sie die Tür offen, damit die Tiere sie erkunden können.
- Nehmen Sie das Halsband ab, bevor Sie das Tier ins Haus lassen.
- Wenn ein Welpe Angst vor dem Lärm eines kleinen Metallhauses auf einem harten Boden hat, können Sie ein Handtuch oder eine Matte darunter legen, um den Lärm zu dämpfen.
- Versuchen Sie, Snacks in ein kleines Haus zu stecken. Es ist wie ein Keks, in den Sie Ihren Hund mit einfachen Worten wie "kleines Haus" oder "eintreten" setzen.
- Segne ihn und schließe die Tür. Dann öffne sie für eine Weile.
- Je größer der Welpe wird, desto mehr Zeit verbringt er in dem kleinen Haus bei geschlossener Tür.
- Schreit, wenn sich die Tür öffnet. Dann wird Ihr Hund lernen, mehr zu schreien.

- Die allgemeine Regel für die Bestimmung der Zeit, die ein Haustier zu Hause verbringen kann, ist eine Stunde pro Stunde des Alters. Ein Welpe, der älter als 3 Monate ist, kann zum Beispiel 4 Stunden zu Hause bleiben.
- Schließen Sie den Hund nicht länger als acht Stunden ein. Der Hund sollte dort nicht für längere Zeit allein gelassen werden, um seine Bedürfnisse zu befriedigen oder sich zu bewegen.
- Je länger der Hund eingesperrt ist, desto mehr Bewegung braucht er jeden Tag. Ein Heim ist ein Hilfsmittel, das niemals dazu benutzt werden sollte, Training, Bewegung oder Zeit mit Ihrem Haustier zu vermeiden.
- Halten Sie regelmäßige Spaziergänge ein, damit sich die Haustiere ausruhen können. Um die Fahrt ruhig zu halten, bringen Sie es immer an denselben Ort mit einem Gurt.

Was ist präventives Training?

Präventives Training bringt Hunden auf sehr einfache Weise bei, was sie tun sollen. Lassen Sie es gar nicht erst so weit kommen!

Die Idee ist einfach. Lassen Sie Ihren Hund nicht dort, wo er Probleme verursachen kann. Mit dieser Methode können Sie erlaubte Aktivitäten lernen, ohne verbotene Aktivitäten zu lernen. Es ist einfacher, Ihrem Welpen beizubringen, in sein Spielzeug zu beißen, als ihm zu sagen, dass er aufhören soll, in Ihr Sofa zu beißen.

Wenn Ihr Hund unbeaufsichtigt gelassen wird und Sie etwas tun, was Sie nicht wollen, wird er wahrscheinlich glauben, dass sie toll sind, weil sie es genießen und niemand sein Verhalten korrigiert. Sie sollten den Hund nicht im Nachhinein korrigieren. Es hat nichts damit zu tun, was Sie vor Stunden, Minuten oder Sekunden getan haben. Unerwünschtes Verhalten wird jedes Mal verstärkt, wenn er es wiederholt, bis Sie Ihren Hund in Aktion erwischen.

PRAXIS FÜR VORBEUGENDES TRAINING ZUERST
: Planen Sie ein, in den ersten Monaten viel Zeit mit Ihrem Hund zu verbringen, und stellen Sie sicher, dass es einen speziellen Platz für Ihren Hund gibt.

Hier geht es um präventives Training. Es ist sehr einfach und erlaubt, wenn es richtig gemacht wird, nicht, schlechte Gewohnheiten zu entwickeln, so dass es sehr effektiv ist und später nicht korrigiert werden muss. Außerdem hilft es, eine starke Bindung zwischen Ihnen und Ihrem Hund aufzubauen.

- Bringen Sie Ihren Hund in Ihr Zimmer und stellen Sie einige Kauspielzeuge an einen anderen Ort.

- Wenn der Hund versucht, ein Problem zu verursachen, verteilen Sie es mit einem Spielzeug und gratulieren Sie, wenn der Hund es erhält.

- Wenn Sie das Problem bereits verursacht haben, sagen Sie "Nein" und unterbrechen Sie ihn immer wieder. Wenn er aufhört, geben Sie ihm entweder ein Spielzeug und beglückwünschen ihn zu seinem Interesse an dem Spielzeug, oder Sie geben ihm einen Gehorsamsbefehl und beglückwünschen ihn, wenn er ihn befolgt.

- Wenn Sie nicht in seiner Nähe bleiben können, bringen Sie Ihren Hund an einen besonderen Ort im Haus. Das kann ein Garten oder ein kleiner Bereich sein, der zu Ihrer Sicherheit eingerichtet ist.

Was sollte man tun, was sollte man nicht tun?

- Verwenden Sie den richtigen Tonfall, um JA zu sagen. Praktisch und natürlich, um zu befehlen, und Bass, um Ärger zu zeigen, schärfer für Lob und Segen.

- Verletzen Sie den Hund nicht. Hunde und Welpen wissen nicht, wie es ist, wenn man sie schlägt oder festhält. Sie lernen nur, dass sie Ihnen nicht vertrauen können und dass sie keine Angst vor Ihnen haben dürfen, was ihr Training noch schwieriger macht.

- YES ist ein täglicher Anreiz für Hunde, ihr Futter richtig zu verzehren.

- JA, der Hund ist glücklich, das Richtige zu tun. Das wird Ihnen in Zukunft helfen, die richtigen Entscheidungen zu treffen und es wird Ihnen Spaß machen!

Fangen Sie mit dem richtigen Fuß an Sobald Sie Ihren Welpen nach Hause bringen, sollten Sie es sich zur Gewohnheit machen, das richtige Verhalten ständig zu belohnen, z. B. wenn der Hund ruhig sitzt oder liegt, Komplimente, Glückwünsche, Honig und sogar Futterkroketten zu verteilen. Durch Belohnungen lernen Welpen leichter, sich zu benehmen, und legen den Grundstein für eine lustige Lernerfahrung in der Zukunft.

Die Feiertage

Feiertage sind ein großer Spaß für Menschen und auch für Hunde. Es ist wichtig, einige Sicherheitsaspekte für Ihre nächste Urlaubsfeier zu berücksichtigen. Wenn Sie und Ihre Familie zusammen feiern, sollten Sie Ihren Hund auf eine vorsichtige und unterhaltsame Weise mit einbeziehen.

Lebensmittel

Bei vielen Zusammenkünften wird viel gegessen, und man könnte in Versuchung geraten, dem Hund eine kleine Mahlzeit als Festtagsschmaus zu geben. Geben Sie Hunden keine "Menschennahrung", denn sie können Magenbeschwerden verursachen, zu Erstickungsanfällen führen und es sich zur Gewohnheit machen, das ganze Jahr über den Tisch zu fragen. Es wäre besser, ihm vor und nach der Mahlzeit viel Liebe und Zuneigung zu zeigen.

ORNAMENTE UND VERPACKUNGEN

Manche Hunde sind dafür bekannt, dass sie knabbern. Garne, Girlanden, Bänder und andere "Kauartikel" sind für verspielte Hunde attraktiv, können aber innere Schäden verursachen, wenn sie verschluckt werden. Wenn Sie Ihren Welpen oder Hund nicht beaufsichtigen können, sorgen Sie dafür, dass er sich in einem sicheren Bereich aufhält. Kaufen Sie ihm ein paar geeignete Kauspielzeuge als besondere Überraschung für die Feiertage.

SÜSSIGKEITEN

Haustiere können wie Menschen von den Leckereien der Feiertage in Versuchung geführt werden. Wenn Sie Ihrem Hund erlauben, diese Leckereien und Süßigkeiten zu fressen, kann dies zu Verdauungsproblemen führen. Schokolade ist schlecht für Hunde, da sie Obromin enthält, das für Hunde giftig ist.

Stellen Sie sicher, dass Sie einige Lieblingsleckereien für Ihren Hund bereithalten, damit er auch etwas Leckeres genießen kann.

Ein Urlaub ist ein aufregender Moment für Sie, Ihre Familie und Ihren Hund. Aber bedenken Sie, dass er für Haustiere auch stressig sein kann. Mehr Menschen, mehr Lärm und tägliche Programmänderungen können sie erschrecken und verwirren. Es macht Spaß, mit einem Hund zu feiern, aber vergessen Sie nicht, einige Einschränkungen zu machen und Vorsichtsmaßnahmen zu treffen, damit Ihr Hund während der Feiertage glücklich und gesund bleibt.

Tipps für Ersthundehalter

Viele Menschen halten Hunde, aber nicht jeder weiß, wie man es richtig macht. Wenn Sie sich ernsthaft mit der Haltung eines Hundes beschäftigen, sollten Sie einige Dinge wissen. Hier sind einige Tipps, die Hundebesitzern beim ersten Mal helfen.

Startseite

Es ist wichtig, dass Sie Ihrem Hund ein sicheres Lebensumfeld bieten. Hunde in Innenräumen sind allen möglichen Gefahren ausgesetzt, z. B. elektrischen Leitungen und verdrahteten Gegenständen. Vermeiden Sie so gut es geht, dass Ihr Hund zu Hause ist. Achten Sie dabei besonders auf Chemikalien, die Vergiftungen verursachen können, wie Reinigungsmittel und Frostschutzmittel.

Sie müssen auch die verschiedenen Arten von Sträuchern und Pflanzen kennen, die für Hunde giftig sind. Wenn sich jemand in der Nähe Ihres Hauses aufhält, ist das eine Katastrophe, die passieren kann. Zu den giftigsten Pflanzen gehören Tulpen, Misteln und Lilien.

Haube

Es ist klar, dass der Hund jeden Tag gefüttert werden muss. Die Qualität des Futters, das Sie zu sich nehmen, hat direkte Auswirkungen auf Ihre Gesundheit, sowohl jetzt als auch in Zukunft. Es ist nicht immer notwendig, für die teuersten Hundefuttermarken zu bezahlen. Es ist jedoch wichtig, eine hochwertige Marke zu wählen.

Generell sollten Sie Ihrem Hund nicht zu viele Arten von Lebensmitteln für Menschen geben. Einige von ihnen können das Verdauungssystem erheblich verändern. Lebensmittel wie Weintrauben und Schokolade können für Hunde tödlich sein und sollten vermieden werden.

Antrag

Ihr Hund braucht jeden Tag Bewegung. Bewegung hilft eindeutig, Fettleibigkeit zu verhindern. Sie bietet aber auch noch andere Vorteile, wie die Förderung der Blutzirkulation, die Stärkung der Knochen und die geistige Anregung. Laufen oder Joggen mit Ihrem Hund sind zwei der gängigsten Methoden, um den täglichen Bewegungsbedarf zu decken.

Wenn Sie gerne spazieren gehen, sollten Sie Ihren Hund mitnehmen. Hunde können auch gut schwimmen. Auch Hundekurse sind geeignet, um für Bewegung zu sorgen.

Sauberkeit

Wenn Sie einen Hund haben, müssen Sie dafür sorgen, dass Sie Zeit haben, ihn zu pflegen. Um das Fell in gutem Zustand zu halten, müssen Sie es regelmäßig bürsten. Langhaarige Sorten müssen häufiger vorbereitet werden, vor allem, wenn das Haar zu Hause nicht fertig ist.

Vergessen Sie nicht, Ihre Zähne und die Haare Ihres Hundes jeden Tag zu putzen. Hunde können Mundprobleme wie Parodontose und Infektionen entwickeln, wenn sie nicht auf ihre Mundgesundheit achten. Kaufen Sie eine für Hunde geeignete Zahnbürste und Zahnpasta. Verwenden Sie keine Produkte, die für Menschen bestimmt sind.

Schädlinge

Ungeziefer wie Flöhe und Zecken können dazu führen, dass sich Ihr Hund wegen des ständigen Juckreizes sehr krank fühlt. Einige Schädlinge können aber auch zu gesundheitlichen Problemen führen. Zur Vorbeugung von Flöhen und Zecken gibt es verschiedene Möglichkeiten, darunter Halsbänder, Shampoos, Puder und monatliche Medikamente. Es ist ratsam, eine monatliche Wurmkur einzunehmen, da es sich um eine tödliche Krankheit handeln kann, die sich leicht verhindern lässt.

Tierarzt

Hundebesitzer müssen sich zum ersten Mal auf die Suche nach einem guten Tierarzt für ihre Haustiere machen. Um sicherzustellen, dass Ihr Hund gesund ist, sollten Sie jedes Jahr einen Termin bei einem Tierarzt vereinbaren. Wenn Probleme so früh wie möglich erkannt werden, erhöht sich die Wahrscheinlichkeit, dass das Problem angemessen behandelt wird. Es wird empfohlen, den Hund zweimal im Jahr zu untersuchen, wenn er heranwächst.

Die Haltung eines Hundes ist eine schöne Erfahrung. Denken Sie an diese Tipps, damit Ihr Hund ein langes und gesundes Leben führen kann.

Viertes Kapitel
Grundlegende Ausbildungsniveaus

Grundstufe: Stufe 1

Der erste Schritt in der Grundstufe des Hundetrainings besteht darin, die gewünschte Antwort des Hundes zu erhalten, sie an verschiedenen Orten und zu verschiedenen Zeiten zu verallgemeinern, sie mit visuellen und sprachlichen Hinweisen zu verknüpfen und die Körpersprache zu eliminieren, um Ihr Signal nicht zu stören. Um dies zu erreichen, empfehlen wir Ihnen, mit den unten aufgeführten Übungen zu beginnen.

Straßenklicker

Der beste Weg, einen Hund zu trainieren, ist durch aggressive Verstärkung, so dass der Clicker Ihr großer Verbündeter sein wird. Holen Sie sich und überprüfen Sie den Artikel für Details, wie zu laden. Sobald Sie wissen, wie man dieses Werkzeug zu kontrollieren und verwenden Sie es in der Hundeerziehung, können Sie beginnen, mit Ihrem Hund zu arbeiten.

Name wiedererkennen

Wenn Ihr Hund ein Welpe ist, sollten Sie als Erstes dafür sorgen, dass er seinen Namen erkennt. Sagen Sie dazu einfach den Namen Ihres Hundes an einem anderen Ort oder in einer anderen Situation und belohnen oder segnen Sie ihn jedes Mal, wenn er auf ihn antwortet.

Folgen Sie der Mahlzeit

Im Allgemeinen neigen alle Hunde dazu, das Futter mit den Augen zu verfolgen, aber wenn sie dem nicht folgen, sollten Sie diese Übung üben, um es zu bekommen. Nehmen Sie dazu ein Stück Futter in die Hand oder ein Leckerli, führen Sie es nahe an die Nase des Hundes heran, bewegen Sie das Futter nach rechts und klicken Sie mit einem Clicker, um es abzugeben. Machen Sie die gleiche Übung links, oben, unten. Wenn der Hund dem Clicker folgt, ist es sehr wichtig, dass zwischen dem Click und dem Futterangebot ein paar Sekunden vergehen, damit der Hund das Futter bekommt.

Gehen Sie zum Telefon

Ihr Hund wird zu Ihnen kommen, wenn Sie ihn bei seinem Namen rufen, aber wir ermutigen Sie, nach einem anderen Wort zu suchen, das anzeigt, dass er zu Ihrem Telefon kommen wird. Diese Übung ist so hilfreich, dass es interessant ist, ganz am Anfang der Grundstufe der Hundeerziehung zu beginnen.

Die Übung ist ganz einfach: Sagen Sie "Komm", laufen Sie los, legen Sie ein Leckerli zwischen Ihre Füße, klicken Sie mit dem Clicker, wenn das Tier Ihnen zugewandt ist, und lassen Sie den Hund den Vorgang wiederholen. Um bessere Ergebnisse zu erzielen, sollten Sie die Übungen in verschiedenen Räumen Ihrer Wohnung durchführen. Wir wenden diese Strategie an, um die Aufmerksamkeit der Tiere zu erregen, ohne den kompletten Befehl sagen zu müssen. Weitere Informationen finden Sie in unserem Artikel, in dem wir Ihnen Schritt für Schritt zeigen, wie Sie Ihren Hund dazu erziehen, ans Telefon zu kommen.

Vorsicht

Was wir mit dieser Übung erreichen wollen, ist sicherzustellen, dass wir immer noch an unserer Seite sind, denn manchmal starren uns die Tiere während des Spaziergangs an. Parallel dazu ist es wichtig, den Hund zu erziehen, damit er lernt, gemeinsam zu gehen

Damit er uns sehen und kennenlernen kann, müssen wir während des Spaziergangs draußen Übungen machen. Nehmen Sie einen Clicker mit, das ist der Schlüssel zum Erfolg. Wann immer Ihr Hund Sie beim Spaziergang ansieht, klicken Sie und geben Sie ihm ein Leckerli, um das Verhalten zu verstärken. Ganz einfach! Mit der Zeit sollten Sie aufhören, ihm Futter zu geben, und ihn segnen.

Lassen Sie mich

Bei dieser Übung lernen wir, unsere Hunde selbst zu kontrollieren, so dass sie das Futter aus der Hand riechen können und es nicht auf sich werfen, wenn sie etwas haben wollen. Dazu setzt man sich je nach Größe des Hundes auf den Boden oder einen Stuhl, nimmt ein Leckerli, deckt es mit der Hand zu, nähert sich der Nase des Hundes, riecht, hält die Hand, leckt und belohnt ihn. In dem Moment, in dem das Tier weggeht, klicken Sie auf den Clicker, um ihm einen Snack zu geben, egal aus welchem Grund. Wiederholen Sie die Übung so lange, bis der Hund das, was er will, mit dem Weggehen assoziiert.

An diesem Punkt können Sie das Wort "Weg" in die Übung einführen, nachdem Sie dem Tier das Leckerli gezeigt haben und bevor Sie die Hand auf die Nase legen. Geben Sie also einfach einen Befehl und Ihr Hund wird gehen.

sich hinsetzen

Dieser Befehl ist einer der grundlegendsten der Hundeerziehung und gehört zur ersten Stufe. Das Sitzen und Lehren unserer Hunde hilft uns in unzähligen Situationen des täglichen Lebens. Denn er kann Ihnen sagen, wie es sich anfühlt, die Straße zu überqueren, und wann Besucher da sind. Details, wie man einem Hund das Sitzen beibringt.

Grundstufe: Stufe 2

In der zweiten Stufe des Grundlagentrainings müssen Sie nicht nur die Übungen aus der ersten Stufe vertiefen und üben, sondern auch die Körpersprache eliminieren, das Essen eliminieren und lernen, wie man andere Preise verwendet. Auf diese Weise müssen Sie die Übungen fortsetzen und allmählich die Vorteile beseitigen, indem Sie sie durch Gesten ersetzen, die Aufmerksamkeit erregen, wie z. B. Applaus und begeisterte Segenswünsche, wenn Sie die richtige Handlung ausführen.

Bei der Übung "Verlassen" müssen Sie lernen, dem Hund das Futter in der Handfläche, auf dem Boden oder im Futternapf zu zeigen und seinen Drang, das Futter nach und nach zu entfernen, zu kontrollieren. In jeder Situation. Außerdem müssen alle Übungen in verschiedenen Räumen durchgeführt werden, um für "Ablenkung" zu sorgen, Befehle zu verhindern und die Ausführung zu jeder Zeit zu ermöglichen.

Üben Sie außerdem neue Übungen.

Lüge

Einem Hund das Hinlegen beizubringen, ist sehr einfach. Bestelle zuerst, wie es sich anfühlt. Nehmen Sie dann einen Snack, lassen Sie ihn nahe an der Nase riechen, senken Sie sofort Ihre Hand in Richtung Vorderfuß und legen Sie sich instinktiv hin. In diesem Moment klicken Sie, um einen Snack anzubieten. Anstatt dass der Hund sich hinlegt, folgen Sie dem Futter mit den Augen, klicken Sie, führen Sie das Leckerchen zur Nase, senken Sie langsam die Hände und folgen Sie dem Futter mit dem Körper. Belohnungen, die Sie durch Hinlegen und Clickern geben können.

Wenn der Hund sich nach der Übung schneller hinlegt, müssen Sie das Kommando "Hinlegen" während des Hinlegens geben, da es sich auf die Bewegung bezieht.

Sieh mich an

Diese Übung ist sehr nützlich, um die Aufmerksamkeit Ihres Hundes zu erlangen, vor allem beim Spaziergangstraining mit Ihnen. Es ist sehr einfach, sie zu bekommen, sobald der Hund Sie in Ihren Augen sieht, setzen Sie sich vor Ihren Hund mit Ihrem Leckerli in der Hand, klicken Sie mit einem Clicker und geben Sie ihm das Leckerli Bitte gib mir. Wiederholen Sie diese Übung, bis Sie sehen, dass Ihr Hund sich vorwärts bewegt. Wenn Ihr Hund Sie dann sieht, geben Sie das Kommando "Schau mich an" und folgen Sie den Übungsanweisungen.

Grundstufe: Stufe 3

In der dritten Stufe der Grundausbildung des Hundes geht es darum, die Dauer der Reaktion zu erhöhen. Um dies zu erreichen, müssen Sie im Geiste das Wort "Tausend" sagen, bevor Sie die Aktion ausführen und klicken, um die Aktion zu verstärken. Nach und nach: "Sen", "Sen-ichi, Sen-ji", "Sen-ichi, Sen-ji, Tausend", gefolgt von "Sen-go". Wenn der Hund nicht warten kann, sagen Sie "Nein" und setzen Sie die Übung fort.

Sie können Ihren Hund nicht nur auf Belohnungen warten lassen, sondern auch an der nächsten neuen Übung arbeiten.

Gehen ohne am Gürtel zu ziehen

Diese Übung ist wichtig, um einen ruhigen, entspannten und friedlichen Spaziergang zu ermöglichen. Es wird empfohlen, dass Sie einen Artikel lesen, in dem die Schritte beschrieben sind, die Sie befolgen müssen, um dem Hund beizubringen, nicht an der Leine zu ziehen.

Menschen richtig begrüßen

Unabhängig davon, ob wir daran gewöhnt sind, Besucher zu empfangen, Hunde so zu erziehen, dass sie nicht auf Menschen springen und bei der Begrüßung ausharren, befreit uns von zahlreichen peinlichen Situationen. Lesen Sie einen Artikel, in dem erklärt wird, wie man Hunde davon abhält, Menschen anzuspringen und sie richtig zu begrüßen.

Grundstufe: Stufe 4

Der vierte Schritt der Grundstufe der Hundeerziehung zielt darauf ab, die Position während verschiedener Aktivitäten beizubehalten und den Hund zu einer Reaktion zu veranlassen, wobei die Dauer der Reaktion weiter erhöht wird. In den meisten Fällen ist es schwieriger, das gewünschte Ergebnis zu erzielen als in der vorherigen Stufe. Daher müssen Sie geduldig und konsequent sein. Denken Sie daran, dass Hundeerziehung Zeit braucht.

Sprechen Sie in dieser Phase nicht darüber, was zu tun ist, sondern gehen Sie ein paar Schritte, damit der Hund beim Gehen stehen bleibt. Benutzen Sie dazu das Kommando "Wurf", gehen Sie 5 Schritte und geben Sie das Kommando "Komm". Wenn der Hund zu Ihnen zeigt, klicken Sie ihn liebevoll an und interpretieren ihn als gut, solange Sie sich beim Gehen hinlegen. Wenn Sie die Position nicht halten können, beginnen Sie die Übung erneut. Sie können verschiedene Übungen mit den beiden Sequenzen "Hinlegen" und "Hinsetzen" durchführen.

Aufgrund des Schwierigkeitsgrades dieser Phase empfehlen wir nicht, neue Übungen einzuführen.

Grundstufe: 5 Stufen

Der letzte Schritt in der Grundstufe der Hundeerziehung besteht darin, die Reaktionsdistanz zu erhöhen, auch wenn es nur ein paar Schritte sind. So folgen Sie Ihrem Hund, ohne sich an ihn zu heften.

Die Übung ist einfach. Wiederholen Sie einfach den Vorgang, der in der vierten Stufe abläuft und die Anzahl der Schritte erhöht. Anfangs ist es nicht einfach, und Ihr Hund wird diese Position nicht durchgehend halten. Mit Geduld, Ausdauer und aggressiver Verstärkung können Sie sie jedoch so lange beibehalten, wie Sie sie brauchen.

Manuelle Trainingssignale

Handsignale sind für die meisten Hunde leicht zu erlernen. Alles, was Sie für den Anfang brauchen, sind ein paar Kekse. Es gibt viele Möglichkeiten, Handsignale zu lehren. Eine dieser Methoden ist die folgende:

Als Erstes müssen Sie die Geste des Hundes mit einem mündlichen Befehl verknüpfen. Nachstehend sind einige davon aufgeführt. Von da an ist es ein wiederkehrendes Problem.

Angenommen, Ihr Hund kennt bereits die Verbindung zwischen dem verbalen Befehl ("Sitz") und der Handlung, die er ausführen soll (Sitz). In diesem Fall müssen wir eine neue Verbindung zwischen dem unbekannten manuellen Signal, der Wortfolge und dem Verhalten, das das Tier bereits kennt, herstellen. Verknüpfen Sie zunächst die verbale Anweisung mit dem Handsignal (siehe unten Beispiele für gängige Handsignale). Wenn der Hund die richtige Handlung ausführt, verwenden Sie Cookies, um dieses Verhalten zu verstärken. Sie müssen dies so oft wie nötig wiederholen, um sicherzustellen, dass das Tier die Assoziation versteht.

Entfernen Sie allmählich die verbale Anordnung, während Sie weiterhin Cookies verwenden. Eine Zeit lang können Sie die Wortreihenfolge und die Gestenreihenfolge in der Hälfte der Zeit verwenden und nur noch die Gestenreihenfolge einsetzen.

Wenn Ihr Haustier gelernt hat, nur auf die Reihenfolge der Gesten mit einem Keks zu reagieren, beginnen Sie, den Keks allmählich zu entfernen. Bald wird Ihr Hund sich setzen, hinlegen und auf die Handbewegung zugehen.

SIT
Beginnen Sie mit einem Hund, der vor Ihnen steht. Halten Sie den Keks in der Hand und beugen Sie den Arm langsam im Ellbogen, um etwas zu werfen. Führen Sie den Keks langsam an die Nase des Hundes heran und sagen Sie gleichzeitig "Sitz". Fordern Sie ihn auf, die Nase zu heben, sobald Sie "Sitz" sagen. Wenn er das tut, segnen Sie ihn und geben Sie ihm Kekse.
Verlegung
Beginnen Sie mit einem Hund, der vor Ihnen sitzt, heben Sie Ihre Hand über den Kopf, halten Sie einen Keks und senken Sie dann Ihre Hand mit ausgestreckten Armen, bis Sie zur Seite kommen. Stecken Sie den Keks langsam durch die Nase des Hundes und sagen Sie gleichzeitig "Wurf". In dem Moment, in dem Sie "Guss" sagen, lässt er seine Nase fallen. Wenn er platziert ist, segnen Sie ihn und geben Sie ihm Kekse.
Immer noch
Sie haben damit begonnen, einem Welpen das Sitzen beizubringen, aber er schafft es länger und gewinnt in den meisten Fällen nur Preise. Jetzt müssen Sie ihm beibringen, an einem Ort zu bleiben.

Wenn Sie ein Haustier spüren, halten Sie ihm die Hand vor das Gesicht und geben ihm den Befehl "Max, halten".

- Drehen Sie sich langsam um und gehen Sie vor ihm her.
- Wenn der Welpe aufwacht, kehren Sie zur Reihenfolge "Sitzen" zurück.
- Nach ein paar Sekunden segnen Sie ihn in aller Ruhe und sagen "gut". Bitte heben Sie ihn hoch.
- Wiederholen Sie den Vorgang, bis das Tier sitzen bleibt.
- Gehen Sie dann ein oder zwei Mal zurück. Wenn Sie folgen, fangen Sie von vorne an und vergrößern Sie allmählich den Abstand.
- Wiederholen Sie den Vorgang, bis das Tier einige Schritte im Sitzen macht.
- Vergessen Sie nicht, sie zu segnen, aber bleiben Sie ruhig. Zu viel Begeisterung erregt sie und macht es ihr schwer, sitzen zu bleiben.

Anfahrt

Beginnen Sie mit einem Hund, der vor Ihnen steht. Strecken Sie einen Arm zur Seite aus und halten Sie den Keks mit einer Hand parallel zum Boden. Strecken Sie den Arm nach vorne und bringen Sie Ihre Hand nahe an die gegenüberliegende Schulter. Führen Sie den Keks zunächst langsam durch die Nase des Hundes, sagen Sie gleichzeitig "hier" und gehen Sie einige Schritte. Wenn sich der Hund nähert, gratulieren Sie ihm und geben ihm einen Keks.

Regelmäßiges Programm für Ihren Hund

Da Hunde gewöhnliche Tiere sind, ist das Programm sehr wichtig. Sie müssen einen Zeitplan aufstellen, wann Sie den Hund füttern, trainieren oder ihn herunterlassen.

Grund für die Terminierung

Das Programm macht Ihr Haustier glücklich und gibt Ihnen die Gewissheit, dass Sie wissen, was passieren wird und wann. Der Lehrplan unterstützt auch die Pflege und Behandlung von Tieren. Im Allgemeinen unterstützt ein Lehrplan mit Anleitung und Unterstützung den Erziehungsprozess von Hunden, damit sie lernen und ihre Bedürfnisse an der richtigen Stelle erfüllen können.

FÜTTERUNGSPROGRAMM

Geben Sie dem Hund jeden Tag die gleiche Menge Futter zur gleichen Zeit. Geben Sie mindestens einmal am Tag. Entfernen Sie nach fünfzehn Minuten das Futter, das Sie nicht gefressen haben. Immer frisches Wasser frei wegwerfen.

Wenn Sie wissen, was Ihr Hund fressen und trinken wird, können Sie entscheiden, wann Sie aufhören müssen. Wir lernen auch bei der Verdauung. So müssen Sie nicht mehr lernen, Ihre Bedürfnisse zu befriedigen.

DAS PROGRAMM HERUNTERLADEN

Vergessen Sie nicht das präventive Training: Es ist immer besser, vorausschauend zu handeln. Wenn Sie der Meinung sind, dass Ihr Hund sich entladen muss, anstatt lange zu warten und einen Unfall im Haus zu riskieren, gehen Sie mit ihm hinaus. Je öfter Ihr Hund sich dort entlädt, wo Sie es wollen, desto geringer ist die Wahrscheinlichkeit eines Unfalls im Haus. Je klarer die Situation für einen Hund ist, desto schneller wird er aufnehmen, was Sie wollen. Der Hund möchte Ihnen wirklich gefallen, und Sie können ihm zeigen, wie man das macht.

Begleiten Sie Ihren Hund immer, wenn er das Haus verlässt. Auf diese Weise können Sie sich zu dem vorher ausgewählten Bereich begeben und müssen nicht mehr den gesamten Ort absuchen und den Zielbereich finden. Sie haben auch die Möglichkeit, sich zu vergewissern, dass der Hund ausgeladen und gesegnet wurde, bevor Sie das Haus betreten.

SCHEDULE PUPPY DOWNLOADS

Welpen müssen häufig nach draußen gehen. Im Alter von 8 Wochen wird empfohlen, tagsüber alle 2-3 Stunden hinauszugehen. Mit 4 Monaten sollten sie etwa alle 4 bis 5 Stunden rausgehen. Die meisten Welpen können im Alter von etwa 4 Monaten eine ganze Nacht ohne Auslauf verbringen. Im Alter von etwa neun Monaten kann sich der Hund daran gewöhnen, drei- oder viermal am Tag hinauszugehen, aber je höher die Zahl, desto besser.

DAS PROGRAMM ÜBEN UND SPIELEN

Bewegung ist für alle Hunde wichtig. Viele erwachsene Hunde sind aufgrund von übermäßiger Fütterung und/oder mangelndem Bewegungsprogramm übergewichtig. Ohne angemessene Bewegung können sich Hunde langweilen oder versuchen, überschüssige Energie zu verbrauchen, was dazu führen kann, dass sie zerstörerisch zubeißen. Lassen Sie Ihren Hund 15-20 Minuten pro Woche spazieren gehen, damit Sie ihn besser kennen lernen können. So haben Sie die Möglichkeit, Ihre Bindung zum Hund zu stärken.

Einen Welpen ausbilden - Was ist zu beachten?

Viele neue Hundebesitzer sehen sich sicherlich in einen entzückenden Welpen verliebt. Jeder weiß, wie süß und attraktiv ein Welpe ist. Aber manchmal liebt Ihr Haustier Sie, kann Sie aber auch belästigen. Solange er noch zu jung ist, müssen Sie damit beginnen, den Welpen zu trainieren, um zu verstehen, wie er sein soll. Hier sind einige Dinge, die man über die Erziehung von Haustieren wissen sollte:

Sie müssen Ihre Position als Alphatier etablieren. Hunde sind Rudeltiere, daher gibt es immer Anführer, nach denen die anderen Hunde Ausschau halten. Ihr Haustier sollte Sie als Alphatier oder Anführer sehen. In einem jungen Stadium versuchen Welpen immer, von ihren Besitzern zu lernen, was richtig oder falsch ist. Strenge Haustiere können schwierig sein. Es ist jedoch gut, Haustiere zu erziehen. Es bringt den Welpen nicht nur gute Manieren bei, sondern wird wahrscheinlich auch ein längeres und gesünderes Leben fördern. Deshalb ist es sehr wichtig, dass Haustiere ein Gehorsamkeitstraining absolvieren.

Ihr Welpe hat nicht die Fähigkeit, Ihre Sprache zu verstehen. Die Rasse kann nicht alle Worte verstehen, die Sie sprechen. Daher hängt es davon ab, wie Sie Ihrem Hund beibringen, zu verstehen, was Sie meinen. Leider ist ein Welpe nicht in der Lage zu verstehen, was er mit dem Tonfall und dem Verhalten seiner Handlungen meint.

In diesem Fall brauchen Sie sich nicht zu sorgen, wenn der Welpe nicht so reagiert, wie Sie es wünschen. Er hat nicht einmal einen Welpen gefunden, der nicht genügend Zeit hatte, auf die Anregungen zu reagieren, die ihm durch den Tonfall des Besitzers und seine Handlungen gegeben wurden. Wenn Ihr kleiner Freund also nicht so reagiert, wie Sie es wünschen, müssen Sie sich damit abfinden.

Beginnen Sie sofort mit dem Welpentraining. Beginnen Sie mit der Ausbildung Ihres Welpen vom ersten Tag an, an dem Sie einen Hund haben. Während Sie Ihr Haustier trainieren, werden Sie feststellen, dass gut erzogene Hunde Sie für all Ihre Trainingsbemühungen belohnen und dass es großartig ist, mit ihm zusammen zu sein, die Bedeutung eines effizienten Unterordnungstrainings Bitte stellen Sie sicher, dass Sie sich dessen bewusst sind.

Unabhängig vom Alter hat jeder Hund ein sehr kurzes Gedächtnis. Wenn man dem Tier versehentlich die Schuld gibt, kann das Endergebnis sein, dass es ein schlecht erzogener neurotischer Hund wird. Zum Beispiel kann ein Haustier zwei Dinge über Kacke tun.

Wenn es wenig Bildung gibt, kann man sich an einen versteckten Ort begeben, wenn man gehen muss. Oder sie fressen Kot, um einer Bestrafung durch dich zu entgehen. Deshalb müssen Sie wirklich vorsichtig sein, wenn es um die Erziehung von Welpen geht. Beachten Sie diese Dinge, um Erfolg zu haben, wenn Sie Welpen manchmal das beibringen, was sie sein sollten.

Fünftes Kapitel
Einen Hund richtig trainieren, um zu lernen

Das Partnertraining muss ständig durchgeführt werden, d. h. Sie müssen Ihre Trainingsarbeit kontinuierlich und geduldig drei- oder viermal pro Woche durchführen. Nach einem langen Spaziergang mit dem Hund müssen Sie mit dem Training beginnen.

Es besteht kein Zweifel daran, dass der Hund vor Beginn einer Trainingseinheit (Dobermann oder Pitbull) erleichtert wurde, gerannt ist, gespielt hat und seine Bedürfnisse befriedigt hat. Hunde, die nicht abenteuerlustig sind, konzentrieren sich einfach nicht und lernen nicht richtig.

Um ein Training durchzuführen, müssen Sie einen ruhigen Ort wählen. Andere Hunde kommen uns nicht in die Quere, hören keine lauten Geräusche, und Menschen kommen nicht immer vorbei. Privatsphäre ist notwendig, damit die Tiere lernen und sich so gut wie möglich konzentrieren können.

Es müssen Preise vorbereitet werden, um den Hund für eine erfolgreiche Übung zu belohnen. Hundekekse, Würstchen und Brot sind perfekte Belohnungen. Auch Pantomime und Liebe sind gute Preise, die die Preise in Form von Futter ergänzen.

PREISE FÜR HUNDEERZIEHUNG
Wir segnen Ihre Begeisterung, wenn unsere Hunde gut trainieren. gut! gut gemacht! So macht man das! Sehr gut Toby! Und so weiter. Wir belohnen dich mit Keksen oder Würstchen und haben dich lieb. Er muss wissen, dass wir glücklich sind.

Wenn der Hund einen Fehler macht, kehrt er in seine ursprüngliche Position zurück und setzt die Übung fort. Wenn Sie zu der Stelle kommen, an der Sie einen Fehler gemacht haben, geben wir Ihnen eine feste Stimme. Unangenehm! Sie müssen ihn nicht anschreien oder bestrafen und ihm auch keinen Preis geben.

Eine Trainingseinheit darf nicht länger als 30 Minuten dauern. Wenn Sie 30 Minuten überschreiten, müssen Sie mindestens 15 Minuten zurückspulen, bevor Sie die Trainingseinheit fortsetzen. Überschreiten Sie nicht die tägliche Trainingszeit.

Dieser Artikel wird Ihnen nicht beibringen, wie Sie einen Hund zur Selbstverteidigung einsetzen können. Es ist ein unnötiges Risiko für eine unerfahrene Person, einem Hund eine solch gefährliche Übung beizubringen. Wenn Sie einem Hund Selbstverteidigungsübungen beibringen wollen, sollten Sie zu einem professionellen Trainer gehen, ja oder nein. Sie sollten keinen Grund haben, dies zu tun. Wenn Sie einem Hund versehentlich eine Abwehrbewegung beibringen, ist das eine Katastrophe.

In einer Trainingseinheit muss nur ein Befehl geübt werden, bis er richtig lernt. Sie können ihm nicht 1000 Dinge beibringen, nicht zwei Dinge in einer einzigen Sitzung.
Wir müssen immer die gleiche Reihenfolge für jede Übung verwenden. Wenn wir Ihnen an einem Tag das Sitzen mit der Anweisung "Sit" beibringen, können wir es am nächsten Tag oder in der folgenden Woche nicht in "Sit down" ändern, wir müssen immer die gleichen Anweisungen beibehalten.

Die Trainingseinheiten sollten in einem geeigneten Klima stattfinden, ohne zu viel Kälte oder Hitze.

Wie man unserem Hund auf einfache Weise das Sitzen beibringt

Nachdem wir alle oben genannten Richtlinien befolgt haben und uns an einem ruhigen Ort befinden, um mit dem Training zu beginnen, werden wir sehen, wie wir unserem Hund das Sitzen beibringen können.

Wir stellen uns nicht vor unseren Hund, mit der linken Hand halten wir ihn sanft am Halsband, mit der einzigen Absicht, ihn nicht zu verlassen und an unserer Seite zu bleiben. Mit der rechten Hand drücken wir auf seinen Rücken, auf der Höhe des Hinterns, so dass er seine Hinterbeine faltet und fühlt. Während wir mit der rechten Hand drücken und er sich hinsetzt, sagen wir ihm mit fester Stimme nur einmal den Befehl, den wir für diese Übung wollen, zum Beispiel "Sitz" oder "Platz".

Wenn er spürt, lassen wir ihn los und beglückwünschen ihn, wir geben ihm eine Belohnung (Keks oder Wurst) und wir streicheln ihn ein wenig. Wir müssen diese Übung ständig wiederholen, bis unser Hund spürt, dass er, wenn wir "Sitz" oder "Platz" sagen, dies allein tun sollte, ohne dass wir ihn mit der rechten Hand auf den Rücken drücken müssen.

Das ist keine einfache Aufgabe, und es kann ein paar Tage dauern, bis wir es richtig hinbekommen. Es ist wichtig, dass wir an Tagen, an denen kein Training stattfindet, diesen Befehl zu Hause wiederholen, zum Beispiel, bevor wir ihm das Abendessen geben oder ihn streicheln. Das ist eine positive und indirekte Art, Sie daran zu erinnern, was wir in der Trainingseinheit getan haben.

Im Laufe der Tage wird er nur die Übung machen, dann ist es Zeit, den nächsten Schritt auszuführen: Dass sie sitzen bleiben, bis wir Ihnen den Befehl zum Aufstehen geben.

Wir führen die Sitzübung mit dem Befehl "Sitz" oder "Platz" durch und wenn der Hund sich gesetzt hat, entfernen wir uns langsam von ihm, ohne ihm den Rücken zuzuwenden. Wenn er aufsteht, um zu uns zu gehen, scherzen wir mit dem "Nein!" Befehl und sagen ihm, dass er wieder fühlt.

Wir müssen diesen Schritt so lange wiederholen, bis er sich setzt und wir uns ein paar Meter von ihm entfernen können, ohne dass er aufsteht. Wir werden es schrittweise machen, wir werden dich bitten zu fühlen und wir werden uns einen halben Meter entfernen, wir werden dich mit dem Befehl "Komm" oder "Hier" auffordern, zu uns zu kommen und wir werden dich belohnen, dir gratulieren und dich streicheln. Wenn du lernst, dies gut zu tun, wiederholen wir das Entfernen um einen weiteren Meter. Wenn das gut klappt, entfernen wir uns anderthalb Meter und so weiter, bis du lernst, still zu sitzen, auch wenn wir uns fünf oder zehn Meter entfernen.

Die korrekte Durchführung dieser Übung kann mehrere Wochen dauern, vor allem bei Rassen, die etwas stur sind, wie Pitbulldogs, muss man geduldig und ausdauernd sein. Führen Sie die Übungen ruhig aus, und wenn unser Hund nicht lernt, sie gut auszuführen, liegt es nicht an ihm, sondern sicherlich daran, dass wir ihm die Anweisungen nicht richtig geben.

Wie wir unserem Hund in wenigen Schritten beibringen, sich hinzulegen

Um unserem Hund das Hinlegen beizubringen, müssen wir ihm zuerst das Sitzen beigebracht haben, das ist wichtig für die Durchführung dieser Übung.

Wir geben unserem Hund den Befehl, sich hinzusetzen, und wenn er sich hingesetzt hat, nehmen wir einen Preis in die Hand und legen ihn in die Nähe seines Mundes, ohne dass er ihn nehmen kann. Ohne aufzustehen, ziehen wir den Preis zurück, so dass er sich nach vorne lehnt, gleichzeitig senken wir ihn, so dass er auch nach unten kippt. Mit der anderen Hand geben wir eine sehr sanfte Berührung, einige kleine Berührungen an den Vorderbeinen, so dass er sich nach vorne streckt und hinlegt.

Während Sie liegen, geben wir Ihnen die Anweisung, sich hinzulegen, indem wir nur sehen: "Leg dich hin" oder "Leg dich hin" reicht aus. Wenn er sich hingelegt hat, geben wir ihm den Preis und beglückwünschen ihn, weil er seine Arbeit gut gemacht hat. Bevor wir die Übung wiederholen, müssen wir Sie bitten, ganz aufzustehen und von vorne zu beginnen, den Befehl zum Hinsetzen zu geben und den Vorgang zu wiederholen.

Wir wiederholen die Übung so oft und so lange wie nötig, bis das Solo mit dem entsprechenden Befehl "Leg dich hin" abgelegt ist. Wenn Sie es richtig machen, machen wir das gleiche Verfahren wie bei dem Befehl "Hinsetzen", wir entfernen uns schrittweise, ohne es aufstehen zu lassen, bis wir es Ihnen sagen.

Die korrekte Ausführung dieser Übung wird auch mehrere Wochen dauern, man muss geduldig und beständig sein. Wir dürfen unseren Hund niemals unter Druck setzen oder stressen, wir dürfen ihn nicht zwingen, etwas zu tun, was er nicht tun will.

Wenn Sie eines Tages entscheiden, dass Sie nicht lernen wollen, ist es am besten, das Training an einem anderen Tag fortzusetzen.

Wie wir unserem Hund beibringen, an unserer Seite zu gehen

Wir müssen unseren Hund mit einer kurzen Leine, nicht mehr als einen Meter lang, anbinden. Wir fangen an, in dem Bereich zu gehen, der für das Training vorgesehen ist, wobei wir darauf achten, dass unser Hund nie versucht, uns vorauszugehen. Wenn Sie das versuchen, drehen wir uns um 180°, um eine neue Richtung einzuschlagen, damit Sie ein wenig verwirrt sind und auf uns aufmerksam werden.

Wir werden mittelstarke Fahrten unternehmen und unerwartet um 90° oder 180° drehen. Wenn unser Hund versucht, uns vorauszugehen, machen wir eine Kurve, so dass er variieren und die Leine lockern muss, um uns zu folgen. Sie können alle empfohlenen Techniken in unserer Publikation Wie Sie Ihrem Hund das Laufen beibringen sehen.

Diese Art des Trainings ist wahrscheinlich eine der kompliziertesten, viele Hunde haben Schwierigkeiten, richtig zu laufen, aber wenn sie es dann können, ist es eine wahre Freude, mit ihnen spazieren zu gehen. Wenn wir sehen, dass unser Hund zu euphorisch ist oder dass wir den Spaziergang nicht meistern können, müssen wir die Tricks anwenden, die in dem oben empfohlenen Artikel beschrieben sind.

Es gibt auch spezielle "Anti-Zug"-Geschirre, die diese Trainingsaufgabe erleichtern, wenn unser Hund übermäßig euphorisch ist.

Wie wir unserem Hund beibringen, auf unseren Ruf zu kommen

Diese Technik ist eine der einfachsten, sie besteht darin, unsere geliebten Haustiere mit Preisen zu täuschen, es ist wirklich einfach. Wenn unser Hund ein wenig von uns entfernt ist, holen wir einen Preis und halten ihn mit der Hand, damit er ihn sehen kann, während wir ihn rufen und ihm den Befehl geben zu kommen.

Es reicht nicht aus, ihn bei seinem Namen zu rufen, sondern wir müssen ihm den Befehl geben, zu kommen. Wenn er zum Beispiel "Tobby" heißt, müssen wir ihm den Preis zeigen und ihm laut sagen, dass er uns hören soll: "Tobby komm!" Oder "Tobby hier!" . Sobald er den Preis sieht, kommt er angelaufen, und wenn er bei uns ist, geben wir ihm den Preis und beglückwünschen ihn mit Begeisterung. Wenn unser Hund uns sieht und nicht kommt, gefällt ihm der Preis nicht, den Sie ihm geben ... Versuchen Sie es mit einem kleinen Stück Wurst, das mögen sie normalerweise sehr gerne.

Wir müssen diese Technik mehrere Wochen lang üben. Nach dieser Zeit werden wir Ihnen einen Preis nur in einer verschachtelten Weise geben, so dass Sie, wenn wir Sie anrufen, manchmal einen Preis haben und manchmal nicht.

Obwohl wir Sie immer beglückwünschen müssen, wenn Sie uns bei der Erfüllung des Auftrags zur Seite stehen, können wir im Laufe der Zeit die Preise bei dieser Übung vollständig zurückziehen, aber wir müssen Sie immer beglückwünschen.

Welpen müssen nicht erzogen werden, denn sie wollen einfach nur spielen und Spaß haben. Erst nach fünf oder sechs Monaten können wir beginnen, sie nach und nach und auf sehr sanfte und spielerische Weise zu erziehen. Wir dürfen sie niemals zwingen oder stressen. Das ideale Alter, um mit der Ausbildung eines Hundes zu beginnen, ist ab einem Jahr, und zwar auf sanfte und progressive Weise.

Welpen müssen nur spielen und rennen, mit anderen Hunden interagieren und Kontakte knüpfen und sonst wenig ... lassen Sie sie glücklich sein, sie werden noch Zeit haben zu lernen. Wenn Sie jedoch sehen, dass sie etwas Falsches tun, wie z. B. Menschen zu beißen (sie werden es offensichtlich spielen), können Sie sie mit dem "Nein!" Befehl, damit sie nach und nach lernen.

Einen Welpen zu trainieren ist so, als würde man versuchen, einem Baby Algebra beizubringen, es macht einfach keinen Sinn. Denken Sie daran, seien Sie glücklich mit Ihrem kleinen Jungen und haben Sie es nicht eilig, ihn wachsen zu sehen, alles kommt mit der Zeit

Sechstes Kapitel
Kriterien für die Ausbildung von Hunden

Kriterien für das Hundetraining und gute Wege, um Ihrem haarigen Haustier grundlegende Gehorsamsübungen durch positive Verstärkung beizubringen. Hier erhalten Sie einige grundlegende Richtlinien, die Ihnen bei der Ausbildung Ihres Hundes sehr helfen werden, sowohl bei einfachen Übungen als auch bei anderen komplizierteren Trainingsabläufen.

Hundetraining Kriterien und gute Möglichkeiten, um erfolgreich zu sein, indem Sie Ihr haariges Haustier grundlegende Gehorsamkeitsübungen für Hunde durch positive Verstärkung lehren.

Hier sind einige grundlegende Richtlinien, die Ihnen bei der Ausbildung Ihres Hundes sehr helfen werden, sowohl bei einfachen Übungen als auch bei anderen komplizierteren Ausbildungsprozessen. Wie dem auch sei, Sie sollten diese Empfehlungen immer befolgen ...

PRÄZISION IST UNERLÄSSLICH

Sie brauchen und verwenden immer das gleiche Stimmkommando für die gleiche Übung. Wenn Sie Ihrem geliebten Haustier beibringen, mit dem Stimmbefehl "Komm her" dorthin zu gehen, wo Sie sind, und nächste Woche sagen Sie "Komm her Hündchen" und im nächsten Monat entscheiden Sie sich, "Komm" zu sagen, denn am Ende wird Ihr Hund verrückt werden und nicht auf Sie hören. Und das ist auch nicht schlimm, denn wenn du die Stimmkommandos der Übungen, die du lernst, änderst und sie dann änderst, wird er die neuen Wörter nicht mehr mit der Übung, die du verzaubert hast, erkennen. Verstehst du das?

Ein anderes sehr häufiges Beispiel ist, wenn wir mit unserem Hund auf der Straße spazieren gehen. Wenn wir dem Tier beigebracht haben, mit seinem Geschirr oder Halsband an unserer Seite zu gehen, da wir unserem Schritt folgen, aber dann, ohne Grund, den Hund in vollem Schwung rütteln, verwirren Sie Ihr Haustier.

Also, seien Sie präzise.

Belohnen Sie sich mit vielen Verwöhnmomenten

Wenn etwas klar ist, ist, dass Hunde lernen und Ausbildung wird viel effektiver und einfach zu loben und zu belohnen mit Streicheleinheiten, indem sie gut, und nicht bestrafen oder schreien Sie für die es falsch machen. Das ist ganz klar. Nehmen Sie es als die erste Beize des Hundetrainers.

Die beste Belohnung, die Sie Ihrem Haustier geben können, wenn es etwas richtig macht, ist eine Kombination aus einem kleinen Stück Wurst, einem Stück Kuchen oder einem Hundesnack und endlosen Streicheleinheiten. Auf diese Weise wird ein Tier durch positive Verstärkung trainiert. Und machen Sie sich keine Sorgen, dass Ihr Haustier süchtig nach den Süßigkeiten wird. Wenn es die Übungen gelernt hat, nehmen Sie ihm die Belohnung in Form von Futter weg, und am Ende wird es sich nur noch mit Ihren Streicheleinheiten zufrieden geben.

LERNEN DIE ZEITEN DER AUSZEICHNUNGEN UND LIEBKOSUNGEN

Seien Sie sehr vorsichtig damit und belohnen und bedanken Sie sich bei Ihrem Hund sofort, wenn er die Übung korrekt ausführt und warten Sie nicht. Und noch viel weniger geben Sie ihm keine Preise für irgendetwas. Wenn Sie nicht aufpassen und

Ihrem Hund ein Haustier oder etwas anderes geben, wenn er etwas tut, was Sie nicht wollen oder nicht mögen, belohnen Sie ihn dafür und er wird es wieder tun. Lassen wir also die verrückten Preise weg. Warten Sie nicht, bis Sie richtig trainiert haben, sondern gleich danach.

KURZE UND UNTERHALTSAME SITZUNGEN

Übungen und Workouts sollten Spaß machen und nicht müde oder langweilig sein. Deshalb ist es am besten, sie in der bestmöglichen Stimmung zu absolvieren und die Trainingseinheiten kurz zu halten. Lieber eine 5 o 7 Minuten lange Einheit als eine 15 Minuten lange Einheit. Auf diese Weise wird es Ihrem Hund nicht langweilig. Und lassen Sie eine gute Zeit vergehen, bevor Sie eine neue Sitzung beginnen. Und nie mehr als 3 oder 4 Trainingseinheiten an einem Tag.

SICH VOR ABLENKUNGEN HÜTEN

Wenn Sie Ihren Hund noch nie trainiert haben, sollten Sie die Trainingseinheiten an einem ruhigen Ort ohne Ablenkungen beginnen. Wenn Sie mit dem ersten Training und den grundlegenden Gehorsamsübungen im Park in der Nähe Ihres Hauses beginnen, wo Lärm und Verkehr sowie das Bellen der anderen Hunde im Park Sie nur stören, ist das nicht der beste Ort für den Anfang Sie haben Schwierigkeiten, den Anfang zu machen. Am besten beginnen Sie Ihre ersten Trainingseinheiten zu Hause.

WIR DÜRFEN NICHT DIE RUHE UND GEDULD VERLIEREN

Wenn Sie schlechte Laune haben und wegen irgendetwas sauer sind oder einen schlechten Tag hatten, lassen Sie das Hundetraining besser für morgen. Und noch viel weniger, wenn Sie anfangen zu schreien und Ihr Tier zu drängen. Sie werden am Ende Angst vor Routinen und Übungen bekommen und Sie werden nichts weiter als einen traumatisierten Hund bekommen. Und ist das ...

SIE KÖNNEN JEDERZEIT ZU EINEM FACHMANN GEHEN

Wenn Ihr Hund zu denen gehört, die sich sträuben und nicht lernen wollen, oder wenn Sie keine Zeit dafür haben, ist es am besten, sich von einem professionellen Trainer durch operante Konditionierungstechniken helfen zu lassen. Grundlegende Gehorsamkeitsübungen sind nicht teuer und werden großartig sein. Außerdem werden die Hunde an diesen Orten der professionellen Hundeausbildung sehr gut sozialisiert, vor allem mit anderen Hunden. Die Sache, die auf der anderen Seite wird immer mit Perlen kommen.

WEITER TRAINIEREN UND ÜBEN

Denn wenn Sie nicht von Zeit zu Zeit darauf bestehen und die Übungen wiederholen, kann es passieren, dass der Hund mit der Zeit die älteren Übungen vergisst. Deshalb empfehle ich Ihnen, alles, was Sie gelernt haben, regelmäßig und mit neuen Übungen zu wiederholen. Zum Beispiel jeden Monat mindestens einmal. So vergisst Ihr Hund nie, was er gelernt hat, und wird immer mit dem Verhalten auf Sie reagieren, das Sie von ihm erwarten, wenn Sie es ihm befehlen.

Das Verhalten eines Hundes ist das größte Merkmal seiner Persönlichkeit, und es ist formbar! Vergessen Sie das nie.

Sie müssen beständig und geduldig sein und Ihren Hund belohnen, wenn er sich gut benimmt, und ihn niemals anschreien oder bestrafen.

Denken Sie daran, dass Sie einen Hund in jedem Alter trainieren können, es ist nie zu spät. Ich sage Ihnen aber auch, dass es umso besser und einfacher ist, je früher Sie damit beginnen.

Entspannungsübungen für Hunde
die Entspannungsübungen für sehr aktive und unruhige Hunde, denen es schwerfällt, zur Ruhe zu kommen und einzuschlafen. Manchmal verursachen Stress und Unruhe Probleme beim Einschlafen. Wir werden Ihnen drei ausgezeichnete Möglichkeiten vorstellen, wie Sie Ihr Haustier auf dem Weg ins Bett entspannen können.

Natürlich brauchen einige sehr aktive Haustiere Ihre Hilfe, wenn sie abends ins Bett gehen. Mein Windhund, ohne weiter zu gehen, ist eine dieser Hündinnen, die kostet. Das ist, warum ich den Vorteil nutzen, wenn ich kann, um mit meinem Haustier zu spielen und wir tun Training und Übungen in der Nacht, um die meisten seiner Energien zu verbringen und stimulieren ihn geistig.

In diesen Fällen ist es ideal, Routinen in Form von ruhigen Techniken für den Übergang zwischen Energiespiel und Training und der Schlafenszeit einzuführen. Die Schaffung von Routinen dieser Art im Alltag Ihres Tieres ist sehr gesund und kann Ihrem Hund helfen, zu wissen, wann es Zeit fürs Bett ist.

Hier ist eine große und ruhige Techniken, die sehr gut tun, wenn mit einem Hund, der stur wird in der Nacht, wenn Sie zu Bett gehen müssen.

Bevor Sie mit einer Entspannungstechnik für Ihren Hund beginnen, sollten Sie es ruhig angehen lassen. Suchen Sie sich einen ruhigen und stillen Ort, lassen Sie alle Spielzeuge und möglichen Ablenkungen weg und verwenden Sie einen ruhigen und gelassenen Tonfall. Denken Sie nicht daran, zu schreien oder übermäßig viel Aufhebens zu machen, sonst wird Ihr Haustier nervös, oder schlimmer noch, es wird glauben, dass Sie mit ihm spielen wollen, und es wird noch aufgeregter werden.

Sie müssen auch sehr aufmerksam auf die Körpersprache und das Verhalten Ihres Tieres achten. Es gibt keine zwei gleichen Hunde, und Sie müssen ihr Verhalten analysieren, ob sie Ihren Anweisungen folgen und sich wohl oder unwohl fühlen. So können Sie einschätzen, welche Entspannungstechnik für Ihren lieben Vierbeiner am besten geeignet ist.

Lange Massagen an den Seiten des Gesichts und des Körpers

Im Allgemeinen ist es am besten, einen Hund durch Massagen und Streicheleinheiten zu entspannen und ihn zum Schlafen zu bringen.

Beginnen Sie also mit dieser Technik, indem Sie die Gesichtshälfte mit sanften und langsamen Bewegungen oder kleinen kreisenden Bewegungen massieren.

Sie sollten sie auch mit sanften Massagen am ganzen Körper behandeln. Wie? Legen Sie zu Beginn Ihre Handfläche an den Nacken Ihres Haustieres und streichen Sie sie entlang der Wirbelsäule zum Schwanzansatz hinunter. Ohne viel zu quetschen. Lassen Sie Ihre Hand einfach mehrmals am Körper entlang den Rücken hinuntergleiten, als ob es in "Zeitlupe" ginge, verstehen Sie? Danach wieder das Gesicht als Anfang und Ende langsam massieren und locker am Kopf- und Schwanzansatz.

OHRMASSAGE

Es scheint dumm, aber Hundeohren haben eine Menge Nervenenden, und wenn Sie Massagen in den Ohren geben können Endorphine im Körper Ihres geliebten Haustieres freisetzen. Ich habe Ihnen bereits gesagt, dass Ohrmassagen eines der besten Anti-Stress-Mittel für Hunde sind. Sie funktionieren in der Regel sehr gut und sind sehr einfach durchzuführen.

Wie? Dann beginnen Sie mit leichten kreisenden Massagen mit den Fingern, ohne zu drücken. Und beobachten Sie, wie Ihr Hund reagiert, um zu sehen, wie sehr er es mag und ob es ihm Spaß macht. Und wie gesagt, es geht darum, jede dieser drei Entspannungstechniken zwei- oder dreimal auszuprobieren und dann diejenige zu wählen, die Ihrem großen Hundefreund am besten gefällt.

BRUST-MASSAGEN

Eine weitere sehr einfache Technik. Es geht darum, die Brust deines Hundes mit leichten kreisförmigen Massagen zu massieren. Und gehen Sie nicht zu weit, da diese Massagen, wenn Sie sie sehr schnell oder stark tun, den gegenteiligen Effekt erzeugen. so wissen Sie: leichte und ungehärtete kreisförmige Massage auf der Brust.

Letzte Tipps

Dann gibt es spezielle Fälle von Haustieren, die arbeiten, oder üben viele Hundesportarten und entwickeln eine große Aktivität. Zusätzlich zu diesen drei Entspannungstechniken müssen diese Hunde andere spezifische Bereiche ihres Körpers und spezifische Muskelgruppen massieren, wo der größte Verschleiß konzentriert ist. Zum Beispiel, wenn Ihr Haustier verbringt den Tag laufen oder Übungen durch Geschwindigkeit Rennen oft, müssen Sie auch seine Pfoten zu massieren, da sie eine Menge in seiner täglichen Aktivitäten verschleißen.

Etwas anderes ist es, wenn Sie Verletzungen, Traumata oder einen starken Muskelkater durch übermäßige Bewegung haben. In diesen speziellen Fällen müssen Sie mit Ihrem Tierarzt sprechen.

Wie übt man mit seinem Hund die richtige Führung aus?
- Der Hund wird glauben, dass Sie ihn gut führen können. Eine gute Führung besteht darin, dass Sie Ihrem Tier Struktur und Richtung geben. Sie denken vielleicht, dass die Routine langweilig ist, aber sie hilft Ihrem Hund, die Welt zu verstehen, sich ruhig zu fühlen und sich von Problemen fernzuhalten. Hier sind einige Vorschläge:- Seien Sie freundlich und respektvoll, wenn Sie mit Ihrem Hund kommunizieren.
- -Lernen Sie, wie Sie die Ohren Ihres Hundes kontrollieren können. Wenn er Sie beißt oder Druck auf seine Schnauze ausübt, wird er mit einem strengen "Nicht beißen!" reagieren, was Ihnen zeigt, dass Sie kein anderer Hund sind und anders behandelt werden sollten.
- - Befehlen Sie "Sitz" oder "Platz", streicheln Sie ihn oder werfen Sie ihm ein Spielzeug zu, bevor Sie ihm geben, was er will. Er wird anfangen, darauf zu warten, dass Sie die Regeln festlegen, da er auf Sie reagiert, bevor Sie auf ihn reagieren, und gleichzeitig wird er seine tägliche Lernpraxis erhalten.
- - Nehmen Sie die Hände, den Mund und die Beine Ihres Hundes freundlich, damit Sie lernen, diese Tätigkeit zu akzeptieren. Es beginnt, wenn Sie sehr jung sind und für eine kurze Zeit. Bleiben Sie bei diesen Übungen

entspannt. Machen Sie sie zu einem Spiel. Gratulieren Sie ihm und belohnen Sie ihn mit Leckerlis. Diese Übungen bereiten den meisten Hunden keine Schwierigkeiten, aber wenn Ihr Hund sich sträubt und sich gestört fühlt, sollten Sie so schnell wie möglich Ihren Tierarzt konsultieren oder einen qualifizierten Trainer zu Rate ziehen.

- Verwenden Sie verschiedene Stimmlagen, um unterschiedliche Botschaften zu vermitteln. Ein schärferer Ton als normal ist aufregend und lustig, perfekt für Komplimente und Glückwünsche. Ein normaler Ton, direkt und sicher, ist Ihr Ton zur Erteilung von Aufträgen. Ein tieferer Ton ist eine Warnung, da er vom Hund mit einem Knurren verbunden wird. Mit etwas Übung kann Ihr Hund durch Ihren Tonfall lernen, Ihre Stimmung zu verstehen.

- Denken Sie daran, dass Hunde mit Übung und Wiederholung lernen. Bitte haben Sie Geduld! Wenn Sie diesen Weg konsequent gehen, wird Ihr Hund ein freundlicher, ausgeglichener Begleiter mit guten Manieren werden.

Tipps, wie man einem Hund beibringt, seine Bedürfnisse an einem Ort zu erledigen

Bevor wir erklären, wie man einem Hund beibringt, auf die Toilette zu gehen, ist es wichtig, einige vorbereitende Schritte zu unternehmen und einige grundlegende Tipps zu berücksichtigen, sonst wird dieser Prozess nicht funktionieren. Behalten Sie diese im Hinterkopf und wenden Sie sie alle an:

Der Hundezwinger: Es handelt sich um einen abgegrenzten Raum, in dem wir unseren Hund lassen, wenn wir das Haus verlassen, und es ist auch der Ort, der für seine Bedürfnisse gewählt wird. Es muss ein großer Raum sein (es kann sogar ein Zimmer sein) und es ist sehr wichtig, einen ruhigen Bereich des Hauses ohne Verkehr zu wählen. Der Flur oder die Halle sind zum Beispiel keine guten Orte, wir sollten lieber ein Zimmer oder ein Esszimmer benutzen.

Stunden des Urinierens: Normalerweise uriniert der Welpe nach dem Aufwachen, nach dem Fressen und nach dem Training oder intensivem Spielen. Das sind die idealen Momente, um Sie in die Nähe Ihres Bereichs zu bringen und Sie dort urinieren zu lassen.

Befolgen Sie immer die gleichen Routinen: Regelmäßigkeit vermeidet Stress und hilft Ihrem Hund, besser zu verstehen. Wenn Sie also immer den gleichen Essens- und Spielplan einhalten, wird Ihr Hund wahrscheinlich lernen, vorher an die richtige Stelle zu urinieren.

Vermeiden Sie Bestrafung und belohnen Sie Erfolge: Es ist wichtig zu verstehen, dass wir einen Welpen niemals dafür schelten können, dass er seine Bedürfnisse an der falschen Stelle erfüllt, wir müssen uns daran erinnern, dass der Fehler bei uns liegt, weil wir nicht damit gerechnet haben, dass er dies tun wird. Im Gegenteil, wir werden immer die Erfolge belohnen, auf diese Weise werden wir erreichen, dass Sie sich besser erinnern.

Beseitigen Sie verbotene Toiletten: Wenn der Welpe seine Notdurft an einem falschen Ort verrichtet, gibt es Gerüche von Urin und Kot, die ihn dazu motivieren, dies erneut zu tun. Dieses Verhalten ist bei Hunden natürlich und verlängert in der Regel die Trainingszeit für den Gang zur Toilette. Beseitigen Sie diese Gerüche und verwenden Sie ein Hundeschutzmittel mit natürlichen Inhaltsstoffen.

Gehen Sie zum Tierarzt: Der Welpe muss im Alter von 3 Monaten seine ersten Impfungen erhalten. Aus diesem Grund ist es wichtig, den Besuch beim Spezialisten zu nutzen, um mit ihm alle unsere Zweifel zu besprechen und alle gesundheitlichen Probleme auszuschließen, die das Lernen erschweren.

Gründliche Reinigung: Ja, verwenden Sie niemals Produkte wie Bleichmittel oder Ammoniak, sondern vorzugsweise enzymatische Produkte.

Wenn Sie diese Tipps befolgen, können Sie gesundheitliche Probleme bei Ihrem Welpen ausschließen und ihn ermutigen, viel schneller zu lernen, in die Zeitung zu urinieren.

WIE MAN EINEM WELPEN BEIBRINGT, IN EINE ZEITUNG ZU PINKELN

Vorbereiten des Welpengeheges

Sobald Sie ein Welpengehege haben, decken Sie es mit einer Zeitung ab. Denken Sie auch daran, dass es andere Möglichkeiten als Zeitungen gibt. Auf dem Markt gibt es zum Beispiel "Hundeseife", ein spezielles Handtuch für den Boden, das Gerüche absorbiert. Auch Kunstrasen und andere Produkte können verwendet werden.

Beachten Sie, dass das Welpengehege groß genug sein sollte, damit sich kein Kot oder Urin in der Nähe des Futternapfes oder der Wohnung befindet. Wenn Sie ihn nicht beaufsichtigen können, muss Ihr Hund in diesem Raum sein. Natürlich müssen Sie ihm ein paar Spielzeuge (groß, nicht verschluckbar) zum Beißen lassen. Wenn Sie unterwegs eine Mahlzeit benötigen, stellen Sie einen Napf bereit.

Im Laufe der Zeit werden Sie feststellen, dass Ihr Welpe verschiedene Orte bevorzugt, um seine Bedürfnisse zu erfüllen. Wenn Sie dies bemerken, können Sie den Tapetenbereich verkleinern.

Erkennen Sie den Moment, in dem der Welpe urinieren muss

Es ist normal, dass Ihr Welpe sein Bedürfnis zur gleichen Zeit befriedigt, aber wenn nicht, gibt es körperliche Anzeichen, die wir erkennen können und die dem Hund helfen, auf die Toilette zu gehen:

- Sehr schnelles und nervöses Gehen
- Den Boden erschnüffeln
- Im Kreis gehen

Andere weinen und sehen ihre Besitzer mit einem traurigen Gesicht an ... Die Ausbildung Ihres Hundes bedeutet auch, dass Sie lernen, die Sprache des Hundes zu verstehen. Wenn Sie wissen, dass Sie sich der Zeit nähern oder Zeichen sehen, bringen Sie Ihren Hund in den ausgewählten Bereich und gehen Sie an den Ort, den Sie brauchen.

Wenn Sie ihn pünktlich abholen und den Urin nicht stören lassen, warten Sie, bis er fertig ist, segnen Sie ihn, sei es durch Leckerli, Liebe oder freundliche Worte, solange Sie positive Verstärkung einsetzen.

MIT DER VERKLEINERUNG DES ZEITUNGSBEREICHS BEGINNEN

Im Laufe mehrerer Tage werden Sie lernen, den Lieblingsplatz Ihres Welpen zum Urinieren mit seinem Hundestift zu identifizieren. Entfernen Sie zunächst einige Zeitungen dort, wo Ihr Hund am weitesten von schmutzigen Dingen entfernt ist. Mit anderen Worten: Wenn Ihr Hund am Boden schmutzig wird, entfernen Sie die Unterlagen vom Eingang.

Entfernen Sie die Zeitung jeden Tag, aber überstürzen Sie es nicht. Wenn Ihr Hund eine Stelle verschmutzt, die keine Tapete ist, liegt das daran, dass Sie die Zeitung sehr schnell entfernt haben. Tauschen Sie in diesem Fall die Tapete auf einer größeren Fläche oder sogar im ganzen Zimmer aus.

Sobald sich Ihr Hund daran gewöhnt hat, es in einem kleinen Bereich zu tun, können Sie damit beginnen, die Dokumente dorthin zu bringen, wo Sie sie haben möchten. Bewegen Sie sich langsam und innerhalb von 3 cm pro Tag an die gewählte Stelle. Legen Sie die Unterlagen nicht ins Bett oder in Wasser- oder Futterbehälter. Wenn Sie das tun, wird Ihr Hund aufhören, seine Bedürfnisse an den Unterlagen zu stellen.

WAS PASSIERT, WENN DER WELPE NICHT LERNT

Wenn es dem Welpen aus irgendeinem Grund nicht beigebracht werden kann, auf die Toilette zu gehen, und er deshalb seine Bedürfnisse in dem markierten Bereich nicht befriedigt, machen Sie sich keine Sorgen, und streiten Sie nicht zuerst, er tut es absichtlich nicht.

Bitte beachten Sie, dass die Krankheit, wenn sie weniger als 6 Monate alt ist, nicht lange kontrolliert werden kann. Bei manchen Hunden ist es bis zur Geburt nicht möglich. Lassen Sie Ihren Hund auch nicht im Haus herumlaufen. Sie sollten ihn immer im Welpenpark lassen.

WAS PASSIERT, WENN ICH MEINEN HUND BESTRAFE UND ER NUN ANGST HAT?

Manche Besitzer halten die Nase des Hundes zur Bestrafung an Schmutz oder schmutziges Papier. Abgesehen davon, dass es nicht ratsam ist, dies überhaupt zu tun, wird es Ihrem Hund nicht helfen, tiefer zu verstehen, im Gegenteil, Ihr Hund hat Angst vor seiner Haltung und seine Impedes möglichen Lernens. Diese Methode führt auch dazu, dass Welpen auf Kotfutter angewiesen sind, Kot fressen und ihren Urin lecken, vor allem aus Angst, wieder als Requisite zu dienen.

Es vermeidet vollständig die Bestrafung des Lebens von Welpen und erwachsenen Hunden und setzt auf Unterricht auf der Grundlage von positiven Methoden und Belohnungen. Denn Forschung ist der beste Weg, um zu lernen und sich an sie zu erinnern. Wenn Sie einen Welpen bestrafen und er Angst vor Ihnen hat, versuchen Sie, sein Vertrauen zurückzugewinnen, indem Sie ihn nicht nur bei jeder Gelegenheit belohnen, sondern auch neue Übungen, Spiele und Aktivitäten machen.

VERBOTENE TOILETTEN ABSCHAFFEN UND HUNDEN BEIBRINGEN, WO SIE SIE BRAUCHEN

In der Ausbildungsphase kommt es immer wieder zu Unfällen. Welpen werden möglicherweise dort gebraucht, wo sie nicht gebraucht werden. Es wird empfohlen, ein Hundeabwehrmittel aufzutragen, um den Geruch beim Urinieren zu verhindern und den Hundekot zu motivieren, wieder in diesen Bereich zu urinieren.

DIE ZEITUNG KANN DEN PARK NICHT ERSETZEN

Es ist wichtig zu beachten, dass ein Bereich, in dem Welpen lernen können, was sie zu Hause brauchen, einen Spaziergang ohnehin nicht ersetzen kann. Sobald der Hund draußen ist (für die Impfung müssen Sie zuerst zu Hause sein), müssen Sie lernen, dem Welpen beizubringen, auf der Straße zu laufen. Das Einrichten des Bereichs zu Hause ist eine vorübergehende Lösung, bis der Welpe gelernt hat, seine Blase zu kontrollieren.

Dem Hund beibringen, seinen Namen wiederzuerkennen

Damit der Hund auf unsere Signale richtig reagieren kann, ist es wichtig, dass er seinen Namen kennt. Es ist eine Grundausbildung, die es Ihnen ermöglicht, Gehorsamkeitstraining für andere Hunde zu trainieren und in einer Vielzahl von Situationen Aufmerksamkeit zu erregen. Wenn man die Aufmerksamkeit des Hundes nicht erregen kann, kann man ihm auch nicht beibringen, zu trainieren. Daher ist es praktisch, dass dies die erste Trainingsübung für die Unterordnung des Hundes ist.

Hier erfahren Sie, wie Sie einen guten Namen wählen, die Aufmerksamkeit des Hundes auf sich ziehen und die Aufmerksamkeit des Hundes verlängern können. Außerdem erhalten Sie nützliche Ratschläge, wie Sie in verschiedenen Situationen, in denen Sie sich befinden können, aktiv reagieren können.

Denken Sie daran, dass es eine sehr wichtige Aufgabe für ihre Besitzer ist, den Hunden beizubringen, ihren Namen zu erkennen. All dies trägt dazu bei, Ihre Bindung zu stärken, undichte Stellen im Park zu vermeiden und die Grundlage für Ihre Unterordnungsbereitschaft zu schaffen.

EINEN GEEIGNETEN NAMEN WÄHLEN

Es ist wichtig, dass Sie einen geeigneten Namen für Ihren Hund wählen. Sie müssen wissen, dass zu lange Namen, die schwer auszusprechen sind, oder Namen, die mit anderen Ordnungen verwechselt werden können, sofort verworfen werden sollten.

Ihr Hund muss einen besonderen und schönen Namen haben, der aber gleichzeitig leicht zuzuordnen ist. Expert Animal bietet eine vollständige Liste mit originellen Hundenamen oder eine Liste mit kurzen Hundenamen. Es ist sehr wichtig, dieses Detail im Auge zu behalten.

Die Aufmerksamkeit des Hundes wecken

Unser erstes Ziel ist es, die Aufmerksamkeit des Hundes zu gewinnen. Mit diesem Kriterium werden Sie versuchen, ein Grundverhalten zu erreichen. Das bedeutet, dass der Hund Sie einen Moment lang sehen wird. Ich muss Sie nicht sehen, aber ich achte darauf, dass es für Sie einfacher ist, mit ihm zu kommunizieren, nachdem Sie seinen Namen gesagt haben. Die meisten Hunde werden jedoch ihre Augen sehen.

Wenn Ihr Hund ein Pelztier ist und sein Fell seine Augen verdeckt, wissen Sie nicht, wohin er wirklich schaut. In diesem Fall, auch wenn Sie nicht wissen, ob der Hund es tatsächlich tut, ist der Standard, dass der Hund Ihr Gesicht in Ihre Richtung zeigt, als ob Sie ihn mit Ihren Augen ansehen würden.

Um Ihren Hunden Aufmerksamkeit zu schenken, verwenden wir appetitanregende Lebensmittel, egal ob es sich um Go, Run, Skuck oder ein bisschen Frankfurt handelt. Zeigen Sie ihm etwas Futter, dann schließen Sie Ihre Hände, um das Futter zu schützen. Warten Sie mit Ihrer Faust.

Ihr Hund versucht auf unterschiedliche Weise, sein Futter zu bekommen. Er schlägt mit den Pfoten nach Ihrer Hand, leckt sie ab, flüstert Ihnen etwas zu oder macht etwas anderes. Ignorieren Sie all diese Aktionen und halten Sie Ihre Hände geschlossen. Wenn der Hund Sie schlägt oder Ihre Hand stark drückt, lassen Sie sie in Ihrem Oberschenkel stecken. Vermeiden Sie auf diese Weise, Ihre Hände zu bewegen.

Irgendwann hat der Hund es satt, ein nicht funktionierendes Verhalten zu zeigen. Sprechen Sie seinen Namen aus, und wenn er Sie sieht, loben Sie ihn mit "sehr gut" oder klicken Sie (klingeln Sie mit einem Clicker) und geben Sie ihm Futter.

Wenn Ihr Hund den Vorgang nicht richtig zu assoziieren scheint, brauchen Sie sich beim ersten Mal keine Sorgen zu machen. Das ist ganz normal. Wiederholen Sie die Übung, klicken oder bewundern Sie vorsichtig und reagieren Sie auf den Namen, indem Sie zu Ihnen schauen. Es ist wichtig, Sie nicht zu belohnen, wenn Sie es nicht richtig machen.

Wiederholen Sie den Vorgang nach Bedarf.

Es hängt von der geistigen Fähigkeit des Hundes ab, früher oder später zu lernen, um den Namen des Hundes korrekt mit den später erhaltenen Auszeichnungen zu assoziieren. Machen Sie sich keine Sorgen, wenn Sie es nicht verstehen, manche Hunde brauchen bis zu 40 Wiederholungen, während für andere 10 Wiederholungen ausreichen.

Idealerweise wiederholen Sie diese Übung jeden Tag für 5-10 Minuten. Wenn Sie das Training verlängern, wird Ihr Hund aus dem Takt geraten.

Andererseits wird betont, wie wichtig es ist, an einem ruhigen Ort zu trainieren, an dem es keine Ablenkung gibt, damit sich der Hund voll auf uns konzentrieren kann.

Erweitern Sie die Aufmerksamkeit des Hundes

Dieses Verfahren ist dem im vorherigen Punkt beschriebenen Verfahren sehr ähnlich, mit dem Ziel, die Dauer des Vorgangs auf bis zu 3 Sekunden zu erhöhen. Wiederholen Sie die vorherige Übung ein paar Mal, um die erste Sitzung dieses Standards zu beginnen und lassen Sie den Hund am Spiel teilnehmen.

Der nächste Schritt (wie der vorherige Prozess) bekommt ein Leckerli, schließt sich mit einer Faust, spricht den Namen aus und wartet. Zählen Sie drei Sekunden und klicken Sie oder segnen Sie ihn und geben Sie ihm Futter. Wenn der Hund ein Auge behält, können Sie sich bewegen und es erneut versuchen, damit der Hund Sie im Auge behält. Er wird Ihnen wahrscheinlich folgen.

Er führt die gleiche Prozedur erneut durch, wartet aber eine kurze Zeit, bevor er belohnt wird. Erhöhen Sie allmählich die Zeit, die der Hund vor dem Auge sieht, bis er in 5 aufeinanderfolgenden Wiederholungen mindestens 3 Sekunden braucht.

Führen Sie so viele Wiederholungen wie nötig durch, bis der Hund 5 Mal hintereinander 3 Sekunden lang das Auge sieht. Die Dauer wird für diese Wiederholungen fortgesetzt, auch wenn sie

3 Sekunden überschreitet. Die Absicht ist, auf die Zeit zu achten, die der Hund Ihre Anweisungen auf ein Minimum verlängert.

Wie ich bereits sagte, ist es ideal, den Hund nicht zu überfordern, so dass die Trainingszeit kurz ist, aber man muss sich konzentrieren.

WARNUNG VOR BEWEGTEM HUND

Im Allgemeinen neigen Hunde dazu, uns mehr Aufmerksamkeit zu schenken, wenn wir in Bewegung sind, aber nicht jeder reagiert auf die gleiche Weise. Sobald unser Hund uns sieht, assoziiert er einen Leckerbissen, einen Namen und anschließende Belohnungen, müssen wir einen Schritt weiter gehen, um in Bewegung aufmerksam zu sein

Um die Bewegungen leicht zuordnen zu können, müssen Sie mit ein paar schrittweisen Bewegungen beginnen. Beginnen Sie mit ein oder zwei Schritten, nachdem Sie den Arm mit dem Leckerli bewegt haben.

DIE SCHWIERIGKEIT ERHÖHEN

Nachdem Sie diese Übung 3-10 Tage lang wiederholt haben, sollte Ihr Hund in der Lage sein, seinen Namen zu sagen, um Ihre Aufmerksamkeit zu erlangen. Allerdings funktioniert das im Haus vielleicht nicht so wie draußen.

Denn es ist unvermeidlich, dass ein Hund angesichts der verschiedenen Reize die Konzentration verliert. Aber auch in dieser Situation muss der Hund aktiv daran arbeiten, überall gleich gut zu reagieren. Denken Sie daran, dass das Erlernen von Grundgehorsam für Ihren Hund eine große Hilfe für Ihre Sicherheit sein kann.

Wie bei allen Lernprozessen müssen Sie mit Ihrem Hund in verschiedenen Situationen üben, in denen der Schwierigkeitsgrad allmählich zunimmt. Sie können damit beginnen, die Antwort in Ihrem Garten oder im leeren Pipican zu üben, aber Sie müssen ihm nach und nach beibringen, wo Sie beschäftigt sind oder ihn ablenken.

- Einem Hund beibringen, seinen Namen zu erkennen - mit zunehmender Schwierigkeit
- Ein Problem, das Ihren Hund lehren könnte, seinen Namen zu erkennen

Die folgenden Probleme können auftreten, wenn man Hunden beibringt, ihre Namen zu erkennen:

Hunde verletzen ihre Hände, wenn sie versuchen zu fressen: Hunde können die Hand, die das Futter hält, beißen oder schlagen und den Trainer verletzen. Wenn Ihr Hund Ihnen beim Fressen weh tut, nehmen Sie Ihrem Hund einen Snack in Schulterhöhe ab. Wenn Sie das Futter nicht erreichen können, kann der Hund Sie anstarren und so sein Verhalten verstärken.

Senken Sie bei jedem Durchgang Ihre Hände ein wenig mehr, bis Ihr Hund seine Arme ausstrecken kann, ohne zu versuchen, Futter aus Ihren Händen zu holen. Eine weitere Möglichkeit, die von einigen Trainern genutzt wird, die ich aber nicht besonders mag, ist das Tragen von dicken Handschuhen, die Ihre Hände vor Kratzern und Hundebissen schützen. Wenn Sie von diesem Problem betroffen sind, sollten Sie sich die Artikel über Beißhemmung ansehen.

Ihr Hund ist sehr ablenkend: Wenn Ihr Hund Sie ablenkt, kann das daran liegen, dass er gerade gefressen hat oder der Trainingsplatz nicht ruhig genug ist. Trainieren Sie an einem anderen Ort und führen Sie das Training zu einer anderen Zeit durch. Vielleicht sollten Sie für die angebotenen Preise auch eher ein wenig Frankfurt als Appetit besorgen. Wenn Sie der Meinung sind, dass der Ort und der Zeitplan für Sie richtig sind, geben Sie Ihrem Hund vor Beginn der Sitzung eine kleine Menge Futter. Als ob Sie mit einem Clicker klicken würden, aber geben Sie schnell 5 Futterstücke in der schnellsten Geschwindigkeit und beginnen Sie eine Trainingseinheit.

Ihr Hund hört nicht auf, Sie einen Moment lang anzustarren. Wenn Sie Ihren Hund nicht davon abhalten, Sie einen Moment lang anzustarren, wird es schwierig sein, Befehle zu erteilen. Um Ihren Hund abzulenken und seinen Namen zu verwenden, können Sie nach jedem Klick Futter auf den Boden werfen. Auf diese Weise haben Sie sofort, nachdem Ihr Hund sein Futter gefressen hat, die Gelegenheit, seinen Namen zu sagen, bevor er Sie spontan sieht. Wie beim Säen von Samen.

Bringen Sie dem Hund bei, seinen Namen zu erkennen - ein Problem, bei dem Ihr Hund lernen könnte, seinen Namen zu erkennen

Hinweise zur Verwendung von Hundenamen

Verwenden Sie den Namen Ihres Hundes nicht umsonst. Unabhängig von der Situation oder dem Grund, wenn Sie den Namen des Hundes sagen, ohne das Verhalten zu verstärken, wenn Sie Sie ansehen, werden Sie die entsprechende Reaktion auslöschen und Ihr Hund wird aufmerksam, wenn Sie Ihren Namen Stopp sagen. Es ist wichtig, ihn zu belohnen und zu beglückwünschen, wenn er aktiv ans Telefon geht.

WIE TRAINIERT MAN IHN AN DER LEINE?

Der Hund muss bequem an der Leine laufen können. Vom praktischen Standpunkt aus gesehen, bedeutet Leine Kontrolle und Sicherheit. Es bedeutet auch die Qualität der Zeit für Sie und Ihr Haustier.

WARUM MUSS ICH EINEN GÜRTEL BENUTZEN?

Es gibt viele Gründe, warum Sie möchten, dass sich Ihr Hund an der Leine wohl fühlt.

- Laufen Sie während eines Spaziergangs nicht weg.

- Kann kontrolliert werden, wenn er aufgeregt oder verärgert ist.

- Lernen Sie "hier" Sequenzen und andere Lektionen mit Hilfsmitteln, die Sie für Ihr Heimtraining verwenden können.

- In vielen städtischen Gebieten ist das Anlegen von Sicherheitsgurten in öffentlichen Bereichen vorgeschrieben.

- Sie können Ihr Haustier jederzeit mitnehmen.

Der erste Schritt besteht darin, Ihren Hund an das Tragen eines richtig sitzenden Halsbandes zu gewöhnen; er sollte sich wohl fühlen und nicht zu sehr verstellt werden. Geben Sie den ersten Ärger des Hundes nicht auf, es sei denn, es ist zu eng. Das Halsband muss so angelegt werden, dass der Hund es nicht ablegen kann. Prüfen Sie regelmäßig, ob die beiden Finger zwischen die Hälse des Tieres passen. Nehmen Sie es dem Hund ab, wenn er zu Hause ist.

Sobald sich Ihr Haustier mit dem Halsband vertraut gemacht hat, folgen Sie den nachstehenden Schritten, um mit dem Training zu beginnen.

- Nehmen Sie den Hund an die Leine und lassen Sie ihn unter Ihrer Aufsicht mit ihm spazieren gehen.

- Bei Widerstand nicht am Gurt ziehen oder ihn mit Gewalt herausziehen. Hocken Sie sich auf die Höhe des Hundes, rufen Sie mit fröhlicher Stimme, bieten Sie Kekse und Spielzeug an und laden Sie ihn ein.

- Führen Sie Ihren Hund an den vorgesehenen Ort und tun Sie, was Sie brauchen. Wenn Sie sich wehren, locken Sie ihn mit einem Spielzeug oder Keks oder einem Leckerli.

- Seien Sie ein wenig frei und belohnen Sie sich, wenn Sie in die richtige Richtung gehen. Das Beste daran ist, dass es Ihnen zeigt, dass Sie eine gute Wahl getroffen haben.

- Normalerweise gehen Sie mit Ihrem Hund auf der linken Seite. Gewöhnen Sie ihn daran. Segnen Sie ihn und belohnen Sie ihn, wenn er in dieser Position bleibt.

- Stimulieren Sie viele Haustiere, damit sie merken, wenn sie einen Spaziergang machen. Geben Sie ihm einen Auftrag und sprechen Sie mit ihm. viel Spaß!

Falls erforderlich, können Sie den Befehl "bei Fuß" lehren, indem Sie mit dem Spaziergang beginnen. Beginnen Sie den Spaziergang, wenn der Hund links steht. Wenn Sie gehen oder hinausgehen wollen, sagen Sie "Bei Fuß" und kehren Sie in die richtige Position zurück. Wenn Sie hinter Ihnen sind, wird er Sie erreichen.

Kapitel Sieben
Anleitung für Welpen

Wie man verhindert, dass der Hund auf Menschen springt

Vor allem, wenn es sich um Kinder oder ältere Menschen handelt. Und manchmal sind unsere Haustiere so liebevoll, dass sie in Küssen und Grüßen zu uns leben. Manchmal so sichtbar und nah, dass sie auf uns springen. Wir sagen Ihnen in diesem Artikel, warum sie das tun und wie man sie davon abbringen kann.

WIE MAN DEN HUND DARAN HINDERT, MENSCHEN ANZUSPRINGEN

Ja, Hunde sind sehr anhänglich und sind immer bewusst von uns, manchmal im Übermaß. Aber sie tun dies nicht, um "chinchar", aber in der Natur, Hunde grüßen einander von Angesicht zu Angesicht, auf der gleichen Ebene der jeweils anderen. Und mit uns wollen sie das Gleiche tun, weshalb einige am Ende springen. Es ist ganz einfach, sein Gesicht auf die gleiche Höhe wie das Ihre zu bringen, nicht wahr?

Nun, für den Anfang sollten wir einfach sagen, dass wir an all dem schuld sind. Denn wir lassen diese Verhaltensweisen zu, und manchmal ermutigen wir sie sogar dazu. Und wenn sie klein sind, fangen sie damit an, und da sie so niedliche Welpen sind, lachen wir alle über sie und sehen, wer dem süßen Welpengesicht widersteht.

Und natürlich werden diese Verhaltensweisen schon in jungen Jahren in das Verhalten des Hundes eingebaut, um dann zu sehen, wer der Klügere ist, der sie abstreift. Wir müssen unseren Hund in einem frühen Alter sozialisieren und nicht ermutigen, diese Situationen, so dass er nicht wiederholen sie als

Erwachsener. Ein lustiges Verhalten als Kind, kann zu einem ernsten Verhaltensproblem im Alter werden.

Mit den Gefahren, die diese Sprünge für Kinder und ältere Menschen haben können.

Die Lösung dieser Verhaltensprobleme gehen durch die richtige Sozialisierung von Welpen und Erwachsenen Ausbildung. Durch operante Konditionierung.

Kontrollieren Sie zunächst Ihren Hund

Sie sollten Trainingstechniken und operante Konditionierung anwenden, um Ihr Haustier davon abzuhalten, jeden anzuspringen, der sich ihm nähert. Aber wenn Ihr lieber Hundefreund es wieder tut, müssen Sie zunächst einige dieser Maßnahmen ergreifen, bevor Sie mit dem Training des Tieres beginnen:

Setzen Sie den Hund in den Transport.

Bringen Sie es in einen anderen Raum, schließen Sie die Tür und lassen Sie es nur eine Weile liegen.

Legen Sie die Halskette an.

Auf diese Weise vermeiden Sie Sprünge und lernen gleichzeitig das richtige Verhalten.

TRAINIEREN SIE IHR HAUSTIER

Wenn Ihr Hund sieht, wie Sie sich vor seinen Sprüngen verhalten, wird er erkennen, dass dieses Verhalten nicht belohnt wird, sondern Ihnen nicht gefällt, aber das allein hilft nicht. Am besten ist es, wenn Sie Ihrem Hund etwas beibringen, was er nicht tun kann, wenn er springt, z. B. sitzen.

Wenn Sie ihm also beibringen, nicht auf andere zu springen, können Sie ihm befehlen, zu fühlen, und es wird die Dinge für Sie viel einfacher machen. und fügen Sie auch hinzu, dass die ganze Familie über Ihr Training Bescheid wissen sollte, so dass, während Sie sie auf der einen Seite unterrichten, Ihre nicht weiterhin erlauben, dass sie auf sie oder andere springen und das Training verderben.

Trainingstechniken: Wie kann man verhindern, dass der Hund auf Menschen springt?

Wir gehen in Schritten.

Suchen Sie sich zunächst ein Familienmitglied oder einen Freund, der Ihnen hilft, Ihren Hund so zu erziehen, dass er nicht auf Menschen springt. Ihr Helfer muss jemand sein, den Ihr Hund kennt und der ihn begrüßen möchte.

Zweitens. Sagen Sie Ihrem Hund, wie es sich anfühlt. Das zuerst. Wenn Sie es ihm nicht beigebracht haben,

Drittens. Ihr Assistent darf sich Ihnen und Ihrem Hund nähern. Wenn Ihr Tier zu springen droht, dreht sich der Besucher sofort um und verlässt den Raum, indem er die Tür schließt.

Viertens. Sagen Sie Ihrem Haustier, wie es sich anfühlt, und lassen Sie Ihren Assistenten wieder kommen. Dann müssen Sie diesen Schritt mehrere Male wiederholen, bis Sie sehen, dass Ihr geliebtes Haustier sitzen bleibt, wenn Ihr Freund sich nähert.

Fünftens: Damit das Tier sitzen bleibt, während Ihr Freund sich Ihnen nähert, belohnen Sie es mit einem Spielzeug oder einem

Stück Wurst und überschütten es mit Küssen und Zärtlichkeiten.

Dann müssen Sie dies nur in cinjco Minuten wiederholen, drei oder vier Mal am Tag und Sie werden sehen, wie in ein paar Tagen Sie es bekommen.

Was ist, wenn es mir auf der Straße mit Menschen passiert, die auf ihrem täglichen Spaziergang die Straße überqueren?

Nun, Sie müssen die Situation meistern und gleichzeitig Ihren Hund trainieren.

Erstens. Verhindern Sie, dass sich die Person, die Ihnen und Ihrem Hund in die Quere kommt, nähert und machen Sie ihr klar, dass Sie nicht wollen, dass Ihr Hund sie anspringt.

Zweitens und sehr wichtig. Geben Sie das Spielzeug an die Person, die Sie gefunden haben, um es in der Hand zu halten.

Drittens. Lassen Sie Ihr Haustier "fühlen".

Viertens. Lassen Sie die andere Person, der Sie den Futterpreis gegeben haben, Ihren sitzenden Hund streicheln und geben Sie ihm das Spielzeug. Aber nur, wenn das Tier sitzt.

Fünfte. Wiederholen Sie diese Übungen in zwei oder drei Sitzungen pro Tag, bis Ihr niedliches Haustier sie gelernt hat.

Was ist, wenn das Verhaltensproblem beginnt, wenn er nach Hause kommt und die Tür öffnet?

Erstens. Wenn Ihr Hund dann beim Betreten des Hauses einen Sprung macht, drehen Sie sich schnell um und verlassen das Haus. Lassen Sie den Hund eine Zeit lang drinnen.

Zweitens. Wiederholen Sie dies so oft wie nötig, bis Ihr Haustier merkt, dass es nur Ihre Aufmerksamkeit bekommt. Es wird nicht lange dauern, dass Sie es nicht tun sollten, aber wir werden Ihnen helfen müssen.

In ein paar Mal, sehen wir, dass Ihr Hund nicht sofort springen, wenn Sie nach Hause kommen, wenn nicht Zweifel, nur dann belohnen Sie Ihren Hund mit einem Spielzeug. Und wiederholen, bis Sie es in zwei oder drei täglichen Sitzungen zu lernen.

Wie man einen Hund an den Maulkorb gewöhnt

Wie gewöhnt man einen Hund an den Maulkorb? Ich erkläre Ihnen, wie Sie dafür sorgen, dass er sich ruhig und entspannt fühlt, wenn sein Maul bedeckt ist. Unabhängig davon, ob es sich um einen potenziell gefährlichen Hund handelt oder nicht.

Wie gewöhnt man einen Hund an den Maulkorb? Ich erkläre Ihnen, wie Sie dafür sorgen, dass er sich ruhig und entspannt fühlt, wenn sein Maul bedeckt ist. Unabhängig davon, ob es sich um einen potenziell gefährlichen Hund handelt oder nicht.

Normalerweise brauchen wir den Maulkorb, wenn unser lieber Freund eine stressige oder ängstliche Situation durchmacht, angesichts von Streitigkeiten mit einem anderen Haustier, oder weil es sich um einen potenziell gefährlichen Hund handelt.

Was geschieht hier? Nun, gerade weil es sich um Stresssituationen handelt, kann das Anlegen eines Maulkorbs für Ihr Haustier, wenn es nicht daran gewöhnt ist, ihn zu tragen, die Situation noch verschlimmern, weil es für Ihren Hund etwas Neues und Unangenehmes ist, das den Zustand der Angst, den das Tier bereits hat, noch verstärkt. Verstehen Sie das?

Am besten gewöhnen Sie Ihr haariges Haustier von klein auf daran, bei Bedarf einen Maulkorb zu tragen, damit es ihn an dem Tag, an dem er ihn braucht, nach Belieben und entspannt tragen kann.

Gelegentlich werden Sie einen Maulkorb benötigen, wenn:

Der Hund ist verletzt oder verängstigt und wird gewalttätig.

Wenn Sie eine traumatische Situation erleben.

Weil er ein potenziell gefährlicher Hund ist (wie ungern ich diesen Ausdruck verwende, wo wir doch alle wissen, dass es die "schlechten Besitzer" sind, die "schlechte Hunde" erzeugen).

Ein enger Freund hat einen Terrier, der sich zu Hause sehr gut benimmt, bis er an der Reihe ist, seine Nägel zu schneiden. Nun, ich weiß nicht, welche Manie das Tier bei dieser Aufgabe hat, denn wenn er Luis (meinen Freund) mit der Nagelschere in der Hand kommen sieht, weigert er sich. So sehr, dass es ihn nicht machen lässt. Er wird auch "nervös", wenn er sich am Wochenende auf der Wiese verletzt und ich versuche, seine blauen Flecken zu behandeln.

Sicherlich haben Sie schon davon gehört, dass es sinnvoll ist, einen Maulkorb in der Reiseapotheke mitzuführen, oder? Nun, es ist aus diesem Grund.

Wie Sie sehen, ist es sehr interessant, Ihr Haustier so schnell wie möglich an einen Maulkorb zu gewöhnen.

WIE GEWÖHNT MAN EINEN HUND AN DEN MAULKORB?

Wie immer ist es besser, Ihrem Hund schon im Welpenalter beizubringen, entspannt und ruhig mit einem Maulkorb zu gehen, aber wenn Ihr Haustier erwachsen ist, passiert nichts, es ist nie zu spät, wenn das Glück gut ist. Nur wird es Sie ein wenig mehr Zeit kosten.

Es wäre toll, wenn Sie Ihren Hund an den Maulkorb gewöhnen, wenn Sie ihn in jungen Jahren sozialisieren.

Und dafür werden wir Techniken der positiven Verstärkung des Hundes Gehorsam zu verwenden, um die Verwendung von Maulkorb mit etwas lohnend und reich, in diesem Fall Süßigkeiten oder Stücke von Wurst kleinen Snack, dass Ihr Hund wird es lieben zu assoziieren.

Ich werde Ihnen eine Reihe von Tipps geben, mit denen Sie Ihren Hund in wenigen Schritten an das Tragen eines Maulkorbs gewöhnen können. Zunächst einmal sollten Sie zwischen den einzelnen Schritten, die ich Ihnen erläutern werde, ein oder zwei Tage verstreichen lassen. Am besten ist es, wenn Sie den Schritt ein bis drei Mal pro Tag durchführen. Und zwar immer in einem lustigen, freundlichen Ton und niemals mit Geschrei.

Erster Schritt. Der Ansatz

Wir lassen den Maulkorb auf dem Boden neben dem Hund liegen, damit Ihr Tier ihn riecht und sich dafür interessiert. Sie können die Aufmerksamkeit des Tieres mit dem Maulkorb in der Hand erregen und ihn sofort auf dem Boden liegen lassen. Wenn das Tier das tut, berühren wir sanft die Nase des Tieres und belohnen den Hund sofort mit einem leckeren Snack oder Leckerli. Dann nehmen Sie den Maulkorb und behalten ihn. Und wiederholen dieses Land wieder. So bringen wir Ihr Haustier dazu, den Maulkorb mit etwas Positivem wie einem Preis zu verbinden.

Zweiter Schritt. Stecken Sie einen Lutscher in die Schnauze

Der nächste Schritt besteht darin, ein Leckerli in den Maulkorb zu stecken und den vorherigen Schritt zu wiederholen, aber mit einem Preis darin. Einfach, oder? Wiederholen Sie diesen Schritt noch zwei oder drei Mal.

Dritter Schritt. Legen Sie den Maulkorb

Wenn unser Haustier sich daran gewöhnt hat, ohne Angst die Schnauze in die Schnauze des Bodens zu stecken, um das Spielzeug zu essen, in einem von diesen gehen Sie und Sie setzen es sanft, während Sie den Preis innen essen. Und Sie nehmen es in ein paar Sekunden ab. Dann wiederholen Sie diesen Schritt zwei oder drei weitere Male.

Vierter Schritt. Es ist üblich!

Nachdem Sie sich damit einverstanden erklärt haben, dass er den Maulkorb eine Weile anbehält, während er die Belohnung frisst, wiederholen Sie die Übung, aber diesmal lassen Sie den Maulkorb für ein oder zwei Minuten an. Und gleichzeitig geben Sie ihm Belohnungen (eine alle fünfzehn Sekunden durch den Maulkorb und mit dem Pfosten. Dann nehmen Sie ihn ab. Wiederholen Sie das noch zweimal.

Fünfter Schritt und Ende

Dann ist es nur eine Frage der Wiederholung dieser Übung jeden Tag und gehen Sie die Verlängerung der Zeit, dass Ihr Hund trägt den Maulkorb und verringern Sie die Preise auf eine alle dreißig Sekunden, dann jede Minute, bis er daran gewöhnt, es auf unbestimmte Zeit so lange wie wir wollen.

Loben Sie Ihren Hund bei allen Schritten für das, was er gut macht, und verwöhnen Sie ihn.

Und das war's

Ich nenne Ihnen eine Reihe von Situationen, in denen es für Ihren Hund interessant sein wird, einen Maulkorb zu tragen. Und je nach der Persönlichkeit des Hundes und seinem Alter, brauchen Sie ihn bei einer dieser Gelegenheiten:

- Verabreichung von Injektionen, Impfstoffen oder Medikamenten.
- Wenn Sie unterwegs sind.
- Bei den täglichen Spaziergängen, wenn er dabei auf andere gewalttätige oder aggressive Hunde trifft.
- Wund- und Traumaversorgung.
- Wenn er andere Hunde, Katzen oder Kinder trifft.
- Naturkatastrophen.
- In einigen Notfällen.
- Ohren reinigen, Augen oder Nägel schneiden.

Und Ihr Haustier? Legen Sie ihm von Zeit zu Zeit einen Maulkorb an?

Wie man einem Welpen beibringt, nicht zu beißen
Welpen haben von Geburt an einen natürlichen Instinkt, alles zu beißen, was ihnen in die Quere kommt, denn es liegt in ihrer Natur, dies zu tun, sei es, um Aufmerksamkeit zu erregen, um den Juckreiz ihrer Zähne zu stillen, um zu spielen, um zu kommunizieren und vieles mehr, wofür sie beißen.

Das kann zu einer sehr lästigen Angewohnheit werden, vor allem, wenn sie die Phase der Gewöhnung hinter sich gelassen haben und mit dem Problem selbst weitermachen, indem sie die meisten Ihrer Gegenstände, Hände, Füße, Möbel u.a., mit Spuren eines Hundes versehen.

Zu den Gegenständen, die die Aufmerksamkeit der Welpen am meisten auf sich ziehen, gehören Schuhe, aber sie bekennen sich auch zu ihrer Vorliebe, in Folgendes zu beißen:

- Haushaltswaren (Möbel und Sessel)
- Spielzeug.
- Teddys.
- TV-Steuerung
- Kabel.
- Andere.

VERHINDERN, DASS IHR WELPE BEISST

Die Hauptsache ist, zu erkennen, dass Sie mit allem, was Sie zu Hause haben, die Kleidung, Schuhe, Accessoires, die in Ihrer Reichweite sind, immer ein ziemlich großes Ärgernis, wenn Sie es zu tadeln, weil Haustiere sind wie die Kinder.

Bewaffnen Sie sich mit Geduld, atmen Sie tief durch und entspannen Sie sich es kann ein schlimmer Fall werden, wenn

Sie ihm nicht beibringen, dass sie klein sind, um nicht zu beißen, was in ihrem Weg ist, so ist es wichtig, dass Sie einige Tipps und Werkzeuge, die Sie mit Ideen, so dass Ihr Welpe aufhören zu beißen haben.

Daher lesen Sie weiter, dass wir Ihnen mehrere Möglichkeiten, so dass Sie ruhig bleiben und sicher, dass Ihr Welpe wird nicht weiterhin mit allem, was Sie tun, zu verwirren, so dass Sie mit gebrochenen oder gebrochene Marken auf alles, was er als Spielzeug zu beißen verwendet. Sie wollen mehr wissen?

IHM BEIBRINGEN, NICHT IN DIE HÄNDE ZU BEISSEN

Wenn Ihr Haustier ein Welpe ist, wechselt es in der Regel die Zähne schnell, aber im Gegensatz zu den Menschen dauert es in der Regel nicht lange, aber die Empfindungen sind ganz ähnlich, vor allem das Jucken oder Juckreiz, die in das Zahnfleisch zum Zeitpunkt des Zahnens Prozess auftritt.

Deshalb ist es eine Ausrede, die ihnen die Angewohnheit gibt, alles zu beißen, wenn sie erwachsen sind, und man muss stark genug sein, ihn jedes Mal zurechtzuweisen, wenn man ihn dabei sieht, und ihm zusätzlich eine positive Methode beizubringen, damit er nicht so weitermacht.

Zu dem, was beißen kann, gehört die Hand seines Besitzers, die eine freiwillige Bewegung macht, der der Welpe in der Regel folgt und seine Aufmerksamkeit erregt, um sie zu überspringen und zu beißen, denn er hat einen Jägerinstinkt, der von seinen Vorfahren geerbt wurde.

WAS SIE TUN SOLLTEN, UM NICHT IN DIE HAND ZU BEISSEN

Wenn Sie Ihre Hände bewegen, wenn Sie mit ihnen sprechen oder Gesten machen, wird Ihr Welpe sofort danach Ausschau halten, denn sie provozieren ihn und machen ihn auf sich aufmerksam wie eine Beute, die gejagt werden will, was für Sie ein zweischneidiges Schwert sein kann.

Deshalb ist es sinnvoll, dass Sie sich nicht beißen lassen und Folgendes beachten:

Hunde sollten wissen, wie stark oder schwach sie beißen sollen, also muss man sie von klein auf darauf vorbereiten, dass sie es tun können, ohne Schaden zu nehmen.

Das Beißspiel wird in der Regel als Training für den Kiefer angesehen, so dass man ihm nach und nach beibringt, es zu tun, damit es nicht weh tut.

Versuchen Sie, sich zu beschweren, wenn er es auf eine starke Art und Weise tut, damit er weiß, dass es Sie verletzt, so dass Sie die Möglichkeit haben, damit aufzuhören, wenn er es als etwas Starkes empfindet.

Man muss Grenzen setzen, also eine Form davon, man tut es mit dem Schrei, dem Ausdruck von simuliertem Schmerz oder einfach Gesten.

Tadeln Sie ihn ernsthaft, aber ohne Furcht zu verletzen, damit er weiß, was Respekt mit Liebe und Geduld bedeutet.

Sie können ihn in Ruhe lassen, wenn Sie das Gefühl haben, dass er stark beißt oder sogar überschwänglich knurrt, denken Sie daran, dass er sich in einer Lernphase befindet.

Benutze Spielzeug, damit du sie beißen kannst und ihre Aufmerksamkeit darauf lenkst und nicht auf deine Hände, das wird dir auch helfen, nichts aus deiner Wohnung oder deinem Kleiderschrank zu beißen.

IHM BEIBRINGEN, NICHT IN DIE FÜSSE ZU BEISSEN

Welpen mögen in der Regel auch viele Pfoten, vor allem den Teil der Finger, der ein wenig auffällig und verspielt ist, wenn man sie wiederholt bewegt, um ihre Aufmerksamkeit darauf zu lenken, also sollte man sich dessen bewusst sein, wenn man trainiert, damit sie nicht beißen.

Eines der Dinge, die die Aufmerksamkeit der Welpen anziehen, ist die Art und Weise, die Finger zu bewegen, die ebenso wie die Hände auffällig sind, nur dass sie mehr in Reichweite sind, weil es sie nahe an ihrem Mund und ihren Zähnen natürlich hat.

Man sollte ihn aber nicht machen lassen, was er will, oder sich schlecht benehmen, wenn man die Möglichkeit in Betracht zieht, ihn so zu trainieren, dass er weiß, dass es ein Spiel ist und nicht mehr als das.

Was Sie tun sollten, damit Sie sich nicht in die Füße beißen

Bewegen Sie weder Ihre Füße noch Ihre Finger, damit Sie sich nicht mit Ihren Fingern oder Füßen einen Krieg auf Leben und Tod liefern.

Denken Sie daran, eine andere Position zu finden, in der Sie Ihre Füße nicht finden können und sich somit unbehaglicher fühlen, damit der Welpe nach anderen Dingen wie seinem Mittelpunkt suchen kann.

Lassen Sie ihn müde werden, denn wenn Sie seine Füße nicht bewegen, macht es ihm keinen Spaß mehr, und er wird sich etwas anderes zum Beißen oder Spielen suchen.

Ignorieren Sie es, dann verschwindet es oft und Sie verlieren das Interesse an Ihren Füßen oder Fingern.

Gehen Sie mit ihm spazieren, um Energie zu verbrennen. Das verbessert oft seine Laune und er hört auf, in die Füße zu beißen.

Bringen Sie ihm bei, nicht in Dinge oder Zubehör zu beißen

Die Nerven, die Energie, der Stress, oder das ist nur, weil Sie zur Arbeit gegangen sind, sind einige der Dinge, die Ihren pelzigen Freund dazu bringen können, zu beißen und alles zu beenden, was er in seinem Weg findet, egal wo er ist.

Darüber hinaus zusammen mit den oben genannten Situationen, ist es auch in der Regel zu der Zeit, wenn das Gebiss plötzlich erscheint, manifestieren verschiedene Symptome, die Sie schauen, wo Sie ausschlagen können, um Ihre Frustration oder Unbehagen zu verlassen.

Viele Male, auch wenn es nicht scheinen mag, wie die Symptome des Zahnens bei Hunden kann ein Weg, um empfindlich auf jede Situation und führt sie zu beißen alles, einschließlich Ihrer Möbel, so müssen Sie ein wenig Geduld in dieser Phase haben.

ZEIT, IN DER DAS HAUSTIER NICHT MEHR BEISST

Hunde hören in der Regel bis zum Alter von 7 Monaten mehr oder weniger auf zu beißen, aber nicht aus diesem Grund werden sie das Interesse daran verlieren, weil sie jederzeit und während eines Spiels nach einem Gegenstand suchen, der seit ihrer Kindheit ihre Aufmerksamkeit erregt hat, und wieder zubeißen.

Auch ältere Hunde neigen dazu, zu beißen, wenn sie daran denken, zu spielen, so ist es gut, sie daran erinnern, diese Phase motiviert, dass sie nicht mehr sehr aktiv sind und wenn dies setzt sie zu laufen und Spaß haben, kann es eine gute Option, um Bewegung und stoppen sitzende Lebensweise Glauben Sie nicht, es?

Die besten Momente sind im ersten Monat nach der Geburt, wenn sie beginnen, die Welt zu erkunden und mit ihren Brüdern zu spielen, um alles zu beißen, was sie finden, auch untereinander, ohne zu wissen, dass sie ihre Kiefer trainieren, besonders die der großen Rasse.

Die Festigkeit in der Stimme ist es, die Ihnen garantiert, sofort zu gehorchen, das Objekt beiseite zu lassen und es natürlich nicht wieder zu tun; Fragen Sie nach Meinungen darüber, was Sie schuldig sind oder nicht, wenn Ihr Welpe beginnt zu beißen, um seinen Kiefer zu trainieren.

DER PROZESS DES BEISSENS

Wenn Sie zur Arbeit gehen, sollten Sie alles, was Sie erreichen oder abbeißen können, an einem anderen Ort liegen lassen, damit Sie zu Hause keine unangenehmen Überraschungen erleben, vor allem, wenn Sie etwas sehr Wertvolles nehmen und es mit den Zähnen aufbrechen, weil Sie sich allein fühlen.

Oft ist der Prozess des Beißens auch mit Einsamkeit, Angst, Bewegungsmangel oder sogar Hyperaktivität verbunden. Ein Beispiel dafür sind Pitbull-Hunde, die dazu neigen, zu energiegeladen zu sein, und wenn sie diese Energie nicht abbauen können, neigen sie dazu, alles zu beißen, was ihnen in den Weg kommt.

Am ratsamsten ist es, dass Sie ihn nicht allein lassen, er sucht Gesellschaft, während Sie arbeiten, damit er sich nicht verlassen fühlt, das kann ihm in jedem Stadium seines Lebens Stress bereiten, und noch mehr, wenn sie älter sind als sie sind wieder wie Welpen, aber ohne viel Energie.

DIE FAHRGESCHÄFTE UND IHRE BEDEUTUNG

Wenn ein Welpe spazieren geht, nimmt er seine Energie, um ruhiger und entspannter zu sein. Es ist wichtig, mit ihm spazieren zu gehen oder ihn in einer freien Umgebung zu lassen, in der er rennen, springen und sich völlig frei bewegen kann, was garantiert, dass er ruhig bleibt.

Viele Male, nachdem sie von einem Welpen zu einem Erwachsenen zu gehen, beginnen sie zu beißen auf Warnung wieder und das ist aufgrund des Mangels an Übungen, so müssen Sie einen Spaziergang machen, um Energie zu verbrennen, denken Sie daran, dass sie sehr aktiv sind.

Eine weitere Möglichkeit, ihn zu bewegen, ist, wenn Sie es tun, so dass, wenn Sie in der Regel joggen am Nachmittag oder am Morgen ist es eine gute Idee, ihn zu nehmen und ihn zu bewegen, wird dies garantieren, dass der Hund wird sich beruhigen und nicht beißen Ihre Sachen.

Außerdem raten wir Ihnen, einen Tierarzt aufzusuchen, um festzustellen, ob sein Verhalten auf Unfug zurückzuführen ist, der durch mangelnde Aufmerksamkeit, Alleingelassenwerden oder fehlende Übungen verursacht wird, die Sie davon abhalten, ihm das Beste zu geben, damit er sich wohl fühlt.

Zu berücksichtigende Haltung, um nicht zu stören, wenn sie beißen

Zuerst müssen Sie geduldig sein, der Hund ist intelligent und kennt Ihre Schwächen, also lassen Sie ihn nicht sehen, dass er Sie manipulieren kann.

Man muss ihm beibringen, dass er nicht mehr alles beißt, was ihm im Weg steht.

Ein sitzender Hund neigt zu Fettleibigkeit und ist die Wurzel eines jeden Problems, daher verdient er es, gesund und voller Vitalität zu sein, aber kontrolliert.

Es ist am besten, ihm beizubringen, dass es nicht ideal ist, wenn er in deine Sachen beißt, und ich werde ihm dafür eigenes Spielzeug kaufen.

Spielen Sie immer mit ihm, damit er immer von Liebe umgeben ist und sie wirklich spürt.

Ein Hund muss seine Phasen überwinden und Sie müssen ihn ohne Probleme unter Ihren wachsamen Augen brennen lassen.

Suchen Sie einen Trainer auf, wenn Sie Probleme haben, damit Ihr Hund aufhört, alles zu beißen, was ihm in den Weg kommt.

Wie man einen Hund mit positiver Bestärkung erzieht
Bei der Erziehung eines Hundes ist es sehr wichtig zu wissen, dass man es mit positiver Verstärkung machen muss. Das ist die effektivste und einfachste Art der Erziehung und auch die beste für den Hund. Es ist ein Belohnungssystem, das dem Hund beibringt, Dinge gut zu tun, und vor allem belohnt es ihn, wann immer er es verdient hat. Dies macht das Training zu einer sehr angenehmen und sogar lustigen Zeit, so dass der Hund am Ende Spaß beim Lernen hat. Sie müssen sehr geduldig sein und vor allem dürfen Sie ihn niemals schlagen, wenn er etwas falsch macht.

WAS IST POSITIVE VERSTÄRKUNG?

Die positive Verstärkung ist für viele der beste Weg, einen Hund zu erziehen. Man kann ihm alles beibringen, von einem komplexeren Befehl wie das Überspringen eines Hindernisses bis hin zu einem einfacheren wie "Sitz". Das Gleiche gilt, wenn man will, dass ein Hund zum Beispiel aufhört zu beißen, oder alles, was uns passieren kann.

Die Grundlage ist Geduld und das Wissen, dass der Hund sich die Zeit nehmen sollte, die er braucht, und dass er nicht das Gefühl hat, sich jederzeit beeilen zu müssen. Sie sollten belohnt werden, wenn Sie etwas richtig machen, ohne dass Sie ihn bestrafen müssen, wenn er etwas falsch macht. Die positive Verstärkung konzentriert sich darauf, dass der Hund versteht, was er tun soll, und vor allem, wenn er etwas richtig macht.

Wenn Sie einen Hund mit positiver Verstärkung trainieren, müssen Sie einen Preis haben. Es ist normal, mit einem Spielzeug zu beginnen und von Zeit zu Zeit mit einer Streicheleinheit oder einem netten Wort zu wechseln. In Wirklichkeit gibt es eine Reihe verschiedener Belohnungen, die bei dieser Art von Training die gleiche Funktion erfüllen. Sie ist sogar so beliebt, dass sogar spezielle Geräte auf den Markt gekommen sind.

Die Erziehung des Hundes durch positive Verstärkung ist sehr angenehm und effektiv, wenn man berücksichtigt, dass es keinen Grund zur Eile gibt. Es ist besser, den Hund schon im Welpenalter zu erziehen, denn so wird er sich sein ganzes Leben lang an das erinnern, was ihm in dieser Phase beigebracht wurde.

Welche Preise zu verwenden sind

Hunde neigen dazu, Süßigkeiten sehr zu mögen, also musst du zu Beginn eine deiner Lieblingssorten nehmen. Man wird Ihnen sagen, was Sie zu tun haben, und wenn Sie es tun, können Sie den Kick bekommen. Wenn Sie jedoch versuchen wollen, einen Hund dazu zu bringen, viele Dinge zu lernen, ist es nicht ratsam, ihn ständig mit Süßigkeiten vollzustopfen. Dafür muss man nach und nach verstehen, dass es auch andere Dinge gibt, die eine Belohnung sind, wie Streicheleinheiten oder schöne Worte. Darüber hinaus bevorzugen viele den Clicker für Hunde, ein Gerät, das auf Knopfdruck einen Ton abgibt, so dass der Hund nach und nach lernt, dass dieser Ton bedeutet, dass er etwas gut gemacht hat, und so lernt er, sich richtig zu verhalten.

Natürlich gibt es auch andere Möglichkeiten als die genannten. Das Wichtigste ist, dass der Hund, was auch immer getan wird, wissen sollte, was es bedeutet, dass er gut gemacht hat, was von ihm verlangt wurde. Viele funktionieren ähnlich wie der Clicker, indem sie ein Geräusch wie ein einfaches Fingerschnippen von sich geben. Das kann ebenso effektiv sein, aber es kann zu Problemen führen, wenn der Hund es in einem anderen Zusammenhang hört, da er verwirrt werden kann. Es gibt auch ähnliche Optionen für taube Hunde, wie z. B. einen Laserpointer, der aktiviert wird, wenn der Hund die Aufforderung korrekt ausgeführt hat.

VORTEILE DER POSITIVEN VERSTÄRKUNG

Die Erziehung eines Hundes durch positive Verstärkung macht allen Spaß, und jeder kann sie durchführen, ohne dass er Vorkenntnisse braucht. Das bedeutet, dass normalerweise jeder seinen eigenen Hund ausbildet, was dazu führt, dass sie gerne Zeit miteinander verbringen.

Der Hund lernt nicht nur neue Dinge, sondern hat auch Spaß daran, denn er möchte seinem Menschen gefallen und sich sagen lassen, wie gut er etwas macht. Daher bedeutet die Erziehung eines Hundes auf diese Weise, dass man neue Aktivitäten mit ihm unternimmt, was die Beziehung noch stärker machen kann.

Und als ob das noch nicht genug wäre, kann ein Hund durch diese Art von Training alles lernen. Es ist sehr wichtig, dies zu berücksichtigen und es in jeder Situation anzuwenden, was auch immer der Hund lernen möchte. Es wird immer notwendig sein, die negativen Verstärkungen beiseite zu legen, denn sie werden niemandem etwas nützen.

In den letzten Jahren haben viele Studien gezeigt, dass diese Art der Ausbildung die effektivste ist, vor allem, weil Hunde Befehle richtig lernen. Es mag anfangs etwas langsam sein und erfordert viel Geduld, aber die Ergebnisse, die es bringt, machen positive Verstärkung bei der Erziehung eines Hundes zweifellos lohnenswert.

WAS ZU TUN IST, WENN DER HUND NICHT GEHORCHT

Es ist normal, dass der Hund nicht gehorcht, wenn er mit der Erziehung beginnt, zumal er noch nicht versteht, was ihm gesagt wird. In diesen Fällen sollten Sie nicht verzweifeln oder wütend werden, denn wenn der Hund das merkt, könnte er in Stress geraten. Eine stressige Situation in der Ausbildung könnte zu einer Lernverweigerung des Hundes führen. Es ist sehr wichtig, dass Sie verstehen, dass es keine Eile gibt und dass nichts passiert, wenn Sie falsch liegen oder nicht verstehen, was Ihnen gesagt wird.

Im Laufe der Zeit, wenn Sie trainiert werden, werden Sie viel leichter gehorchen. Wir müssen den Lernprozess für alle angenehm gestalten, was voraussetzt, dass wir die Bedürfnisse des Hundes verstehen, und das kann auch mal falsch sein. Das ist etwas, das am Anfang sehr häufig vorkommt, deshalb ist es besser, sich vor Beginn des Trainings darüber klar zu werden. Vor allem sollte man ihn nie anschreien oder schlagen, wenn er sich irrt.

NIEMALS NEGATIVE VERSTÄRKUNG ANWENDEN

Negative Verstärkung bedeutet, dass der Hund alles auf der Grundlage von Angst lernt. Das bedeutet, dass Sie nicht belohnt werden, wenn Sie etwas richtig machen, sondern dass Sie bestraft werden, wenn Sie einen Fehler machen und das, was von Ihnen verlangt wird, nicht richtig tun. Wie nicht anders zu erwarten, macht diese Art von Training dem Hund Angst zu lernen, da es mit einer Bestrafung verbunden ist und er somit eine schlechte Zeit hat. Als ob das nicht genug wäre, besteht für viele die Strafe nicht nur darin, den Hund zu schelten, sondern ihn auch zu schlagen. Das sollte unter keinen Umständen gemacht werden und ist absolut nutzlos.

Der Hund wird es unnötig schwer haben, und obwohl er scheinbar schnell gehorcht, wird er es mit großer Angst vor Bestrafung tun. Sie werden die Befehle nicht richtig verstehen, was es Ihnen sehr leicht macht, noch verwirrter zu werden, wenn Sie neue Dinge lernen.

Training auf der Grundlage von negativen Verstärkungen ist überhaupt nicht wirksam, und Sie müssen immer daran denken, dass Hunde sind Freunde und mehr Familienmitglieder, so dass bei keiner Gelegenheit werden Sie sie zu schlagen haben. Da das Wichtigste bei der Erziehung eines Hundes ist, geduldig zu sein, ist es klar, dass Sie es nicht verlieren sollten, wenn Sie falsch liegen, und immer verstehen, dass Sie die Zeit nehmen müssen, die Sie brauchen, um zu lernen.

Wie Sie Ihrem Welpen das Laufen beibringen

Wenn Sie für einen Spaziergang Ihren Welpen gehen, gibt es eine andere Art und Weise für jede Rasse oder Art und Weise, um Ihren Hund zu trainieren, dass die Menschen, die einen Hund in ihrem Leben haben, so dass ein großer Hund ist anders die Art und Weise zu gehen, um es zu einem kleinen, für die es wichtig ist, zu wissen, wie man es zu gehen.

Die haarigen Menschen haben das Bedürfnis, den Weg, den sie gehen, die Menschen, die sie kreuzen, die Orte, die sie durchqueren, zu erschnüffeln und sogar eine Reiseroute zu erstellen, damit sie lernen, später ohne Leine zu laufen, frei und ohne sich zu verlaufen oder dem Herrchen davonzulaufen.

Der Höhepunkt all dies ist die Möglichkeit, dass Sie ihm beibringen, zu Fuß, ohne den Gürtel zu ziehen, ziehen Sie oder er, der die Zügel der Fahrt nimmt und so glücklich sein, sowohl der Besitzer und der pelzigen Freund, wobei er wünscht, ist Go out, um Ihre Beine zu strecken und Ihre Bedürfnisse.

Ein ständiger Kampf, der Gürtel

Für Hunde gibt es ein ziemlich schwieriges Problem, wenn es darum geht, spazieren zu gehen, und es ist, dass es sie oft stört, ein Halsband oder Geschirr und die Chorea zu tragen, mit der sie Ihnen unterworfen sein sollten. Ist das das erste Problem, das sich stellt? Ja, natürlich.

So sehr, dass man sich zu Hause daran gewöhnen muss, das Halsband anzulegen und es einen Moment lang am Hals zu spüren, um sich nach und nach daran zu gewöhnen, unter Berücksichtigung des Alters, der Größe und des Datums, an dem der Hund in Ihre Hände gelangt ist.

Zwingen Sie ihn nicht zu irgendetwas, wenn Sie das Gefühl haben, dass er sich eingesperrt fühlt, legen Sie ihm sein Halsband und die Leine an, wenn er das Gefühl hat, dass er mit den beiden Gegenständen vertraut ist, und knurren Sie ihn nicht an, er fühlt sich verängstigt oder er könnte Sie beißen, wenn er sich dadurch bedroht fühlt.

Beachten Sie die folgenden Punkte, wenn es darum geht, das richtige Halsband und die richtige Leine für Ihren Hund zu finden:

Die Größe des Halsbandes, während die erste sollte zwischen 120 cm oder 130 cm, so dass ein dicker Finger zwischen dem Hals und das Halsband auf den Hund.

Einige Halsketten sollten mit Lichtern ausgestattet sein, damit man sie nachts nicht verliert, wenn man das Band loslässt.

Die dünnere Leine für kleine Hunde ist besser, die große muss natürlich dicker und fester sein, wenn man an ihr ziehen muss.

Der Gurt sollte ebenfalls eine Länge von 100 bis 130 cm haben, damit Sie ihm genügend Platz zum Laufen lassen können.

Lass ihn in Ruhe alles beschnuppern und wenn er stehen bleibt, lass ihn den Boden fühlen.

Üben Sie mit kurzen Spaziergängen für eine angemessene Zeit

Zunächst ist es ratsam, mit ihm Ausflüge zu unternehmen, die ihn nicht zu sehr ermüden, und immer darauf zu warten, dass er sich an die für ihn gewählte Strecke gewöhnt, indem man jeden Moment nutzt, der es ihm ermöglicht, das Terrain zu erkennen.

Wie Sie Fortschritte machen, wird der Weg der Fahrt zu erhöhen, so dass Raum für eine Woche, um schrittweise Erhöhung der Fahrt und mit einer bestimmten Zeit zwischen einer halben Stunde bis zu einer Stunde zunächst einmal pro Tag, dann zwei und am Ende mit drei täglichen Spaziergängen .

Dies kann sich ändern, wenn Sie sich daran gewöhnt haben. Berücksichtigen Sie dabei die Reiseroute und die vorgesehene Zeit sowie die Zeiten, in denen Sie mit ihm spazieren gehen, und denken Sie daran, Sie nicht zu etwas zu zwingen, das Sie nicht vorbereitet sind oder schon einmal getan haben.

SCHRITTE, UM MIT IHREM HAUSTIER SPAZIEREN ZU GEHEN

Rufen Sie ihn und zeigen Sie ihm die Leine und das Halsband, damit er sich daran gewöhnt, das ist das Signal zum Gehen.

Legen Sie das Halsband und den Gurt langsam an, um es ohne Nervosität oder Erschrecken zu akzeptieren.

Danach öffne die Tür langsam, so dass du dir bewusst wirst, dass der Sinn von all dem der Weg nach draußen ist.

Gehen Sie immer neben ihm und passen Sie Ihre Gangart an, wenn Sie das Gefühl haben, dass Sie vorwärts gehen wollen, halten Sie den Schritt weiter an, bis Sie den Sinn des Anhaltens oder Folgens erkennen.

Verstärken Sie das Gelernte mit einer Belohnung, wie im Handbuch für Hundeerziehung in positiver Form, mit einem Hundekuchen oder einer anderen Form.

Kehren Sie ins Haus zurück und nehmen Sie die Leine und das Halsband ab. Danach haben Sie die Möglichkeit, eine Weile mit Ihrem Haustier zu spielen und ihm zu schmeicheln, wie gut es sich benommen hat.

Denken Sie mit der Zeit daran, die Leine beim Spazierengehen abzunehmen.

DER WELPE UND DIE SPAZIERGÄNGE

Der Welpe ist immer aktiver, energiegeladener und begierig darauf, die Natur zu genießen, vor allem, wenn Sie ihn für eine angemessene Zeit zu Hause gehalten haben, aber es ist auch die einfachste zu handhaben, zu lehren und für jung zu sein haben Sie die Möglichkeit, schneller zu lernen.

Wenn Sie mit ihm spazieren gehen, sollten Sie sein Temperament im Auge behalten, denn außerhalb des Hauses wird er nervös und ziemlich ängstlich; es ist wichtig, ihm die Aktivitäten beizubringen, mit denen Sie später positive Ergebnisse sehen werden, wenn Sie den Hund dazu bringen, alles zu gehorchen.

Der Welpe hat die Möglichkeit, leichter zu erziehen, so dass Sie ihm auch seine Belohnung jedes Mal geben können, wenn er sich gut benimmt und zeigt, dass er seine Arbeit sehr gut gelernt hat, bestärkt sein Lernen immer mit einer machbaren Lehre.

DIE PHYSIOLOGISCHEN BEDÜRFNISSE VON HEIMTIEREN

Der Hund hat die Möglichkeit, vom ersten Spaziergang an zu lernen, seine physiologischen Bedürfnisse zu befriedigen, indem er eine Routine entwickelt, die Sie zur gleichen Zeit und zu den gleichen Zeiten am Tag einhalten müssen, damit der Hund lernen kann, dass der Spaziergang auch bedeutet, sich auszutoben.

Es ist durchaus möglich, dass Ihnen während des Lernprozesses Geschenke und Preise angeboten werden, vor allem dann, wenn Sie eine positive Handlung vollziehen, zu der Sie beglückwünscht werden müssen, so dass ein besonderer Moment zwischen Ihnen beiden entsteht, wenn Sie den Preis für gutes Verhalten erhalten.

Darüber hinaus ist es eine wichtige Option, um die doppelte Möglichkeit, wo Ihr Hund ruht seine Schließmuskeln bei der Entlüftung zusätzlich zur Ausscheidung der Abfälle, die der Körper nicht braucht, ihm zu helfen, gesund zu bleiben, gesund, glücklich und zu allen Zeiten geliebt zu haben.

DER TÄGLICHE SPRUNG

Was bringt der tägliche Spaziergang für Ihren Hund? Er kann seine Grundbedürfnisse befriedigen, sich während des Spaziergangs glücklich fühlen, seine Aufmerksamkeit auf die Person richten, die er liebt, wachsam bleiben und jederzeit mit Liebe und Hingabe mit Ihnen verbunden sein.

Die Zeit, die Sie haben, um es für ihn zu allen Zeiten, so folgen Sie den Zeitplan, ohne es zu ändern, so dass Sie nicht verwirren und haben Probleme mit Ihren Bedürfnissen, auch daran denken, dass es ein menschliches Wesen, das braucht Aufmerksamkeit genau wie Sie zu allen Zeiten und ist eine große Verantwortung, einen Hund zu haben.

Außerdem wird der tägliche Spaziergang Ihnen Stress ersparen, Ihre überschüssige Energie abbauen, Ihnen Bewegung und Spiel bieten und Sie glücklich machen, während Sie sich an eine Routine gewöhnen, die Ihnen Grund gibt, Ihren Besitzer zu verehren.

Was Sie beim Spaziergang mit Ihrem Hund nicht tun sollten

Zwingen Sie Ihren Hund nicht, etwas zu tun, was er nicht will, das kann zu Verhaltensproblemen führen, die sowohl Ihren pelzigen Freund als auch Sie enttäuschen.

Zwingen Sie ihn nicht, ein anderes Verhalten anzunehmen als das, was Sie ihm beigebracht haben, das kann Ihnen auch wenig affektives Verhalten bringen.

Vergessen Sie nicht, immer wieder Preise zu vergeben, auch wenn Sie etwas gelernt haben.

Ermuntern Sie Ihren Hund, den Spaziergang zu genießen, indem er geht, stehen bleibt und dem Weg folgt, damit Sie später keine Leine benötigen.

Um das Gassi gehen mit Ihrem Hund zu lernen, müssen Sie Lust dazu haben und geduldig sein, das sollten Sie bedenken.

Versuchen Sie, alle Befehle zu befolgen, ohne zu scherzen, und wenn Sie sehen, dass er Sie ignoriert, ignorieren Sie ihn und entfernen Sie sich sofort von ihm.

DAS BELLEN ANDERER HUNDE ZU VERMEIDEN

In den ersten Tagen ist es normal, dass Hunde andere Artgenossen nicht nur anknurren, sondern auch anbellen. Es ist wichtig, dies zu berücksichtigen, da sie sich in der Regel gegenseitig anbellen, um ihr Revier zu markieren und ihm beizubringen, wer das Kommando hat und was ihnen gehört, zu verteidigen.

Im letzteren Fall haben Sie die Möglichkeit, sich selbst, die Teil Ihres Eigentums ist, daher sollten Sie berücksichtigen, was geschieht, um sie in der Regel, die Vermeidung zu allen Zeiten, dass sie dies tun, nachdem sie mit anderen Hunden sozialisiert.

Auf der anderen Seite haben Sie beim Spazierengehen die Möglichkeit, Ihre Umgebung zu vergessen, um zu spielen, Sport zu treiben, Ihre physiologischen Bedürfnisse zu befriedigen und viele andere Aktivitäten, mit denen Sie abgelenkt werden können.

DER SPAZIERGANG EINE STRAFE ODER EINE BELOHNUNG

Versuchen Sie nicht, ihn zu bestrafen, wenn nicht eine Bestellung, wie Sie gebeten, denken Sie daran, dass sie wie Kinder sind und das Lernen ist ein bisschen mehr mühsam, weil sie nicht wissen, wie man spricht, aber wenn sie kommunizieren, dann behandeln sie, als ob es eines Ihrer Kinder waren.

Es ist wichtig, dass Sie ihn ermutigen, wenn sie eine Bestellung nicht machen, das kann sie erschrecken, indem sie ihnen verboten werden, so ist es notwendig, dass Sie ihn mit Liebe tadeln, aber zur gleichen Zeit mit Festigkeit werden sie verstehen, dass, wenn sie etwas gut machen sie einen Preis oder positive Verstärkung erhalten, aber besser machen sollte.

DIE KOMMUNIKATION DER HUNDE

Ob du es glaubst oder nicht, sie können mit dir kommunizieren und lesen oft den Ausdruck deines Gesichts und deine Stimmung. Vergiss nicht, ihn zu misshandeln, wenn er dich bittet zu gehen, es ist wichtig, daran zu denken, dass er auf diesen Moment wartet, um Dampf abzulassen.

Auch, dass, wenn Sie ihn für einen Spaziergang, ist es möglich, dass einige schlechte Geste, die Sie tun, während der Reise kann dazu führen, dass Nervosität, Angst und Unsicherheit, die Erreichung mit diesen Gefühlen, die weg von Ihnen laufen und Sie können aus den Augen verlieren, seien Sie vorsichtig mit, dass.

Das Beste ist, dass Sie beide entspannt sind und den Spaziergang nutzen, um Stress abzubauen, den Kopf frei zu bekommen und miteinander zu spielen, was die Bande der Freundschaft, des Vertrauens und der Liebe zwischen Ihnen beiden stärkt, Ihre Stimmung verbessert und Ihren Zustand verändert. physiologisch

GEDULD UND LIEBE

Damit Sie keine Probleme mit Ihren haarigen, betonen wir die Tatsache, dass Sie jederzeit geduldig und ruhig, vor allem, wenn Sie nicht tun können, eine der Lernaktivitäten, die Sie auferlegt haben, während der Stunden des Gehens, das ist nicht schnell erreicht.

Wie man einen Welpen, der beißt, zum Aufhören erzieht

Ich finde es toll, dass Sie viel mit Ihrem Hund spielen, aber wenn Sie das tun, seien Sie vorsichtig und nehmen Sie von Anfang an weiches Spielzeug, in das Sie beißen können, so dass Sie, wenn Ihr Welpe "zieht", um zu beißen (ich bestehe darauf, dass das ein normales Verhalten bei einem Welpen ist), statt Ihrer Hände ein Spielzeug zum Mund führen, um es zu beißen. Ganz einfach, oder? Sie werden sehen, dass er sich bald daran gewöhnt und Ihre Hände und Knöchel in Ruhe lässt.

Eine weitere Trainings- und Übungstechnik für Hunde, um das Problem zu lösen, ist die folgende Vorgehensweise: Versuchen Sie Folgendes zu tun. Wenn Ihr Welpe Ihnen in die Hand beißen will, geben Sie ihm ein Stimmkommando, das Sie wollen, aber auf eine energische Art und Weise, etwa "still" oder "für". Was auch immer, aber immer das gleiche Wort. Das Tier weicht ein paar Augenblicke zurück und Sie nehmen Ihre Hand aus seiner Reichweite. Sie hören sofort auf, ein paar Minuten mit Ihrem Hund zu spielen und beachten ihn nicht.

Spielen Sie bald wieder mit Ihrem Hund, aber dieses Mal benutzt er sein Spielzeug mit Ihren Händen, damit er Sie nicht beißt, und wenn er es so macht, wie Sie es wollen, belohnen Sie ihn in dem Moment mit etwas "Chuche", das er mag. Das heißt, wir verwenden operante Konditionierungstechniken (Clicker) mit Preisen. Und es geht nur darum, diese neuen Verhaltensweisen so zu wiederholen, wie ich es Ihnen sage, bis Sie in ein paar Tagen sehen werden, wie er lernt.

KEINE SCHLÄGE ODER BESTRAFUNGEN

Lautes und wütendes Schreien, Bestrafungen oder gar die Unterdrückung dieses Verhaltens mit Schlägen helfen nicht. Vielmehr können Sie die Situation noch verschlimmern und die

Beziehung zwischen Ihrem Hund und Ihnen verschlechtern. Hinzu kommt, dass Tiere, die bestraft werden, wenn sie versuchen, ihr Verhalten zu unterdrücken, sich oft mit Aggressionen an uns rächen. Verwöhnen Sie Ihren Welpen lieber mit Streicheleinheiten und Zuneigung! Das funktioniert.

Wenn Sie einen Hund erziehen oder freilassen, der nicht in Ihre Hände beißt oder jemanden durch die Techniken, die ich Ihnen gesagt habe, wenn es gut geht, zusätzlich zu den Preis geben viele Streicheleinheiten und Liebe. Das schafft einerseits ein echtes Gefühl für Ihren Hund, dass es ihm gut geht und stärkt auch die Bindung zwischen Besitzer und Tier. Dadurch wird es immer einfacher, Ihrem Welpen neue Verhaltensweisen beizubringen und ihn gehorsamer zu machen. Und denken Sie nicht daran, Ihren Hund zu schlagen!

Ich habe alles getan, was Sie mir gesagt haben, aber mein Hund beißt mich immer noch.

Ok, das ändert sich nicht in zwei Minuten und trotz allem, bis man es lernt (man muss nur geduldig sein, manche lernen vor anderen) muss man noch ein paar Tage darauf bestehen. Und wie bei uns das Tempo des Lernens variiert je nach dem Individuum.

Wenn Sie trotz allem nicht weiterkommen und es sich herausstellt, dass Ihr Welpe sehr "stur" ist und nicht recht haben will, ist es am besten, wenn Sie sich professionelle Hilfe suchen und das Problem nicht auf morgen verschieben. Je mehr Zeit vergeht und je größer das Tier ist, desto mehr kostet es, nachdem es gelernt hat, also lassen Sie es nicht allein.

Und verwechseln Sie dieses Verhalten nicht mit Gesundheitsproblemen wie Infektionen oder Krankheiten oder mit Beschwerden im Gebiss von Hunden, wenn sie sich von den Milchzähnen lösen und neue, endgültige Zähne herauskommen.

Wie ein Hund zum Händeschütteln erzogen wird
Zuallererst empfehle ich, dass Sie entspannt sind und sich nicht beeilen, wenn Sie mit Ihrem Haustier eine Trainingsreihe beginnen! Das ist sehr wichtig, denn das Tier wird jede Andeutung von Stress oder Angst, die Sie erzeugen, bemerken, und der Hund wird mehr auf Ihre Stimmung achten als auf das, was Sie ihm beibringen wollen. Wenn Sie sich zu diesem Zeitpunkt wütend oder frustriert fühlen, sollten Sie die Übungen mit Ihrem Hund besser auf einen anderen Tag verschieben. Außerdem nehmen Hunde diese Stimmungen oft sofort wahr. Und noch mehr, wenn sie negativ sind.

1. Das erste, was Sie tun müssen, ist, sich vor das Tier zu stellen und es fühlen zu lassen. Besser ist es, wenn Sie sich auch auf seine Ebene begeben. Wenn Sie nicht wissen, wie Sie Ihren Hund durch ein Stimmkommando zum Fühlen bringen können, warten Sie besser, bis Ihr Tier sich zu Hause fühlt, nutzen Sie den Moment und stellen Sie sich vor ihn.

2. Dann nehmen Sie ein Stück Wurst oder eine "Chuche" und zeigen es Ihrem pelzigen Freund. Wenn Sie merken, dass Sie das Leckerli haben, schließen Sie Ihre Hand, damit es nicht gefressen werden kann. Tun Sie dies immer vor ihm und mit ausgestrecktem Arm vor dem Kopf.

3º Bewegen Sie Ihre Hand mit dem Preis in der geballten Faust, so dass das Tier daran interessiert ist und will die Süßigkeiten, die Sie versteckt haben, zu essen Zur gleichen Zeit sagen Sie einen Sprachbefehl, die Sie wollen, dass, wenn, immer das gleiche, wie " chócala "so dass es den Befehl mit der Aktion des Gebens das Bein verbindet.

Und warum?

Hunde reagieren in der Regel auf diese Herausforderung, indem sie mehrmals versuchen, das Innere Ihrer Faust mit dem Mund zu erreichen, was ihnen nicht gelingen wird. Als Nächstes wird er versuchen, die "Chuche", die Sie aufbewahrt haben, mit seinen Beinen zu nehmen. Kannst du mir folgen

4. Wenn die Pfote Ihres Hundes Ihre Hand berührt (glauben Sie mir, er wird es versuchen), sagen Sie sofort "gut" (Sie können auch einen Clicker benutzen, das ist einfacher für ihn) und dann öffnen Sie Ihre Hand und lassen ihn seine Belohnung fressen, das hat er sehr gut gemacht.

5. Danach müssen Sie diese Schritte nur noch zwei oder drei Tage lang drei oder vier Mal üben, und das war's! Wenn Sie das Training ein paar Mal fortsetzen, werden Sie sehen, dass Ihr Hund Ihnen das Bein anbietet, wenn er das von Ihnen gewählte Wort hört, noch bevor er Ihre Hand mit dem Preis darin sieht.

Was ist, wenn mein Hund stecken bleibt oder mich ignoriert?

Nicht alle Hunde sind gleich, es gibt schlauere und weniger schlaue... Nun, wenn Ihr Haustier nicht fangen es auf den ersten (sehr selten und schwierige Sache zu passieren) folgen diese Tipps:

Wenn Sie es leid sind, diese Übungen zu praktizieren und Ihr Hund Sie immer noch ignoriert, müssen Sie die Sache erleichtern. Schütteln Sie Ihre Hand mit dem Bonbon darin (Schritt 3), aber dieses Mal bringen Sie die geschlossene Faust in Bewegung zu seinem Bein, eine Spanne oder weniger. Sie werden sehen, dass er diesmal auf Sie hört und Sie auf diese Weise erreichen, dass Ihr Hund lernt, die Hand mit der Stimme des gewünschten Befehls zu schütteln.

Wenn Ihr pelziger Partner nach all dem immer noch nicht "fündig" wird, können Sie Folgendes versuchen:

Wiederholen Sie die Schritte 1, 2 und 3. Nehmen Sie dann sein Bein mit der anderen Hand, halten Sie es in Höhe der geballten Faust und rufen Sie "gut" (oder benutzen Sie den Clicker) und belohnen Sie ihn dann mit einem weiteren Hündchen. Wiederholen Sie diesen letzten Schritt mehrere Male, und wenn Sie ihn beherrschen, kehren Sie zum ursprünglichen Training vom Anfang zurück (Schritt 1). Sie werden sehen, dass er Sie jetzt versteht und es gut macht.

Sehr wichtig...

Es ist, wie fast alle Workouts, Geduld zu haben und mehrmals zu wiederholen, alles, was notwendig ist. Und vor allem daran denken, dass sie kurze Sitzungen sein müssen, und wiederholen Sie sie drei oder vier Mal pro Tag. Wenn Sie sich nicht an diese Vorgaben halten und die Trainingseinheiten oder deren Dauer überschreiten, wird sich Ihr Hund am Ende langweilen oder frustriert sein. Damit werden Sie letztendlich nichts erreichen. Außerdem, wenn Sie sehen, dass nach der Wiederholung zwei oder drei Mal das Tier das Interesse verliert oder überfordert wird, für die Ausbildung bis zum nächsten Tag.

Der Schlüssel sind wenige kurze Sitzungen pro Tag. Es ist vor allem eine Frage der Regelmäßigkeit. Vergessen Sie nicht, Ihr Haustier am Ende der Trainingseinheiten zu verwöhnen und ihm Zuneigung zu schenken, ganz gleich, wie gut es gelaufen ist. Es geht darum, das Training als etwas Positives zu assoziieren.

Es nützt nichts, sich zu ärgern, schwer zu werden und den ganzen Nachmittag bis zur Sättigung zu wiederholen. Viel weniger Schreien oder Schlagen. Dann werden Sie es nie lernen.

Und wenn ich keine Preise mehr per Hand verteile?

Das ist wichtig. Du musst jederzeit damit aufhören, deine Faust mit dem versteckten Preis zu unterrichten, damit sie dir ein Bein stellt, wie? Das ist ganz einfach...

Keine "Süßigkeiten" mehr

A- Zeigen Sie Ihrem Haustier Ihre Faust mit einem versteckten Preis. (Wiederholen Sie die Schritte 1, 2 und 3) Sobald Sie treten, bieten Sie diesmal den Preis an, aber mit der anderen Hand, NICHT MIT DER GESCHLOSSENEN FIST. Wiederholen Sie dies mehrere Male.

B- Dann wiederholst du die ersten drei Schritte, aber diesmal zeigst du ihm die Faust mit dem Preis darin und sagst: "Scheiß drauf, lass es eine offene Hand sein und ohne Beule, und wenn du ihm ein Bein gibst, gibst du ihm einen Preis mit der anderen Hand, wie in Schritt A. Und jetzt geht es nur noch darum, dies einige Male zu wiederholen, bis du es gelernt hast.

C- Nun, wenn Sie sehen, dass Ihr Haustier gut gelernt hat, dass es bei den Worten "chócala" die Pfote hebt und Sie belohnt, hören Sie nach und nach auf, ihm Preise zu geben, d.h. Sie beginnen zum Beispiel, die Übung dreimal zu wiederholen und belohnen ihn nur beim ersten und letzten Mal. Nach ein paar Tagen belohnen Sie ihn nur noch beim dritten Mal, und nach ein paar weiteren Tagen hören Sie damit auf, und statt eines Futterpreises streicheln Sie ihn und geben ihm Streicheleinheiten. Sie werden sehen, wie schnell er die

"Bonbons" vergisst und sich als Belohnung mit Ihrer Berührung zufrieden gibt.

Und fertig. Sie werden nicht nur Spaß haben und sich mit Ihrem Haustier besser verstehen, sondern es wird Ihnen auch die Hand schütteln, indem es "chócala" sagt. Und nicht nur das, auch Ihre Freunde und andere Menschen, die Ihren Hund kennen, können das. Und es ist, dass diese Trainingsübungen in der Regel mit anderen Menschen um das Tier herum funktionieren, sobald Sie es ihnen beigebracht haben.

Wie Sie mit Ihrem Hund reisen
Wenn Sie Ihren Hund auf eine Reise mitnehmen, müssen Sie sich sicher sein, dass Ihr Hund sowohl körperlich als auch geistig dazu bereit ist. Fragen Sie sich, ob der Hund das verkraften kann, aber ihn viele Stunden fliegen zu lassen, nur um nach der Ankunft in seinem kleinen Haus zu bleiben, ist auch nicht fair.

VOR DER
REISE

- Erkundigen Sie sich, wie willkommen Ihr Hund an Ihrem Reiseziel sein wird. Die Kulturen sind unterschiedlich, vergessen Sie das nicht.
- Besuchen Sie Ihren Tierarzt, vergewissern Sie sich, dass die Impfungen auf dem neuesten Stand sind, und besorgen Sie sich aktuelle Kopien der Gesundheitsunterlagen für Ihre Reise. Es ist wichtig, dass Ihr Tierarzt bestätigt, dass der Hund reisefähig ist.
- Vergewissern Sie sich, dass Sie wissen, ob es am Zielort gesundheitliche Probleme gibt (z. B. Insekten, Kälte, Hitze), und treffen Sie die erforderlichen Vorsichtsmaßnahmen.

PACKEN FÜR DIE
REISE

- Nehmen Sie die Gesundheitsbescheinigung Ihres Hundes und die Impfbescheinigung gegen Tollwut mit (diese werden beim Überschreiten einiger Grenzen benötigt).
- Das Foto, das Sie verwenden sollten, ist das Foto des Hundes, mit dem er identifiziert werden kann, falls er verloren geht.
- Packen Sie den Teller mit dem Essen, den Trinkbrunnen, den Gürtel, das Spielzeug, das Häuschen, die Medikamente und die Reinigungsutensilien in den Koffer.
- Sie müssen Ihr Futter mitbringen, wenn Sie mit dem Auto reisen oder wenn Sie nicht sicher sind, dass Sie es am Zielort bekommen. Plötzliche Ernährungsumstellungen können Verdauungsstörungen verursachen und die Reise für Ihr Haustier und Sie selbst ruinieren
- Vergewissern Sie sich, dass Ihr Hund sein Erkennungszeichen trägt, auf dem Ihre Kontaktperson und vorzugsweise die des Bestimmungsortes vermerkt sind.

REISEN AUF DEM LAND

- Es ist einfacher, eine Hundehütte oder eine Hundetransportbox im Fond Ihres Fahrzeugs unterzubringen. Setzen Sie ihn nicht direkt dem Sonnenlicht aus.

- Wenn der Hund nicht in der Transportbox sitzt, vergewissern Sie sich, dass der Sicherheitsgurt angelegt ist. Für den Verkauf werden spezielle Geschirre am Sicherheitsgurt befestigt. Wenn der Gang plötzlich stoppt, kann es zu schweren Verletzungen kommen, verwenden Sie keine Leine.

- Lassen Sie Ihren Hund nicht in der offenen Box des Wagens zurück.

Füttern Sie Ihr Haustier mindestens 3 Stunden vor Reiseantritt nicht mehr.

- Geben Sie Ihrem Hund bei den Zwischenstopps frisches Wasser zu trinken. Wenn er ein so guter Reisebegleiter ist, können Sie ihn auch mit einem Leckerli belohnen.

- Füttern Sie Ihren Hund kurz nach der Ankunft oder nach einer Pause für den Rest des Tages.

- Legen Sie eine Leine an, bevor Sie das Fahrzeug verlassen.

-Lassen Sie Ihr Haustier NIEMALS allein in einem geschlossenen Fahrzeug. Hitze und unzureichende Luftzirkulation können schnell zu Hitzestress oder sogar zum Tod führen.

FLUGREISE

- Wenn Verspätungen und Umsteigezeiten länger sind, sollten Sie Zeiten mit erhöhter Reisetätigkeit vermeiden.

- Planen Sie eine Reise mit möglichst wenigen Zwischenstopps und Umstiegen.

- Buchen Sie das Hotel und den Flug für Ihren Hund rechtzeitig im Voraus.

- Einige Fluggesellschaften erlauben die Mitnahme von kleinen Hunden (in der Regel gegen einen Aufpreis), wenn die Transportbox unter den Sitz passt.

Andernfalls mieten oder kaufen Sie eine Transportbox oder ein Häuschen, das den Vorschriften der Fluggesellschaft entspricht, und bringen Sie ein Klebeetikett mit der Aufschrift LIVE ANIMAL an. Schreiben Sie Ihren Namen und Ihre Adresse sowie das Geschlecht der Person, die Ihr Hund bei Bedarf am Zielort kontaktieren kann.

-Legen Sie eine Decke oder ein Kissen auf den Boden des Baus. Füllen Sie mit einer Tränke Wasser in die Haustür. Der Tank sollte tief und nicht zu voll sein, damit kein Wasser verschüttet wird.

-Gehen Sie mit Ihrem Hund am Tag des Fluges, bevor Sie zum Flughafen fahren, lange spazieren.

- Holen Sie Ihr Haustier am Ende der Reise sofort ab.

- In einigen Ländern kann der Hund einige Zeit in Quarantäne verbringen. Informieren Sie sich bei Ihrem Reisebüro oder Konsulat auf dieser Seite über das Land, in das Sie reisen möchten.

AM
BESTIMMUNGSORT

- Er erfüllt alle Vorschriften für Haustiere am Urlaubsort. Wenn Sie Ihren Hund allein lassen, lassen Sie ihn in einem kleinen Haus, einer Transportbox oder einem begrenzten Raum. Sammeln Sie Ihre Abfälle schnell ein. Ihre Rücksichtnahme wird dazu beitragen, dass Haustiere als Gäste bleiben.

Achtes Kapitel
Was Sie bei der Erziehung eines Welpen vermeiden sollten

Das sind die Fehler, die man beim Training NICHT machen sollte, denn wenn wir den Fehler machen, unser Haustier schlecht zu trainieren, wird es uns das Doppelte oder Dreifache kosten, es wieder richtig zu trainieren. Schauen wir uns an, welche Fehler wir nie machen sollten:

- Schreien, schimpfen oder schlagen Sie Ihren Hund niemals. Physische oder psychologische Bestrafung ist nicht wirksam, sie ist mehr als bewiesen und sie ist Grausamkeit. Er würde Ihnen das nie antun.
- Verzweifeln Sie nicht, Geduld ist die Mutter aller Wissenschaften und die Ausbildung eines Hundes braucht Zeit, Sie müssen viel Geduld haben.
- Verwenden Sie keine Würge- oder Folterhalsbänder, das ist eine unnötige Grausamkeit. Es gibt tausend effektive Wege, einen Hund zu trainieren, und keiner davon führt über Bestrafung oder Folter.
- Sprechen Sie ihn nie auf verschiedene Arten an, sondern nennen Sie ihn immer beim Namen und geben Sie ihm dann den Auftrag.

Was bei Fehlverhalten des Hundes zu tun ist

Alle Hunde machen Fehler, wenn sie mit dem Training beginnen. Überprüfen Sie die Situation und ermitteln Sie die Ursache. Dies kann ein Zeichen dafür sein, dass der Hund nicht weiß, was er tolerieren kann. Als Trainer müssen Sie die Ursache für die Verwirrung finden und beseitigen.

Je jünger der Welpe ist, desto häufiger muss er entleert werden. Bei einem 2 Monate alten Welpen kann dies alle 2 Stunden erforderlich sein. Körperlich kann es nicht länger als 8 Stunden dauern. Wenn das Verdauungssystem reift, werden die Abstände zwischen den Entleerungen länger.

Zu viel Freiheit ist der häufigste Fehler. Manche Welpen verstehen das Konzept, draußen zu verschwinden, innerhalb von Wochen oder Tagen, aber dieses Verhalten muss über mehrere Monate hinweg gefestigt werden, bis das Tier zu 100 % zuverlässig ist. . Wenn Ihr Hund seine Bedürfnisse dort befriedigt, wo er sie nicht ein- oder zweimal ausgeliehen hat, überwachen Sie ihn wahrscheinlich nicht gut.

Wenn Sie ein kleines Haus kaufen, das zu groß für Ihren Hund ist, wird er seine Bedürfnisse an einem Ende erfüllen und am anderen Ende schlafen.

Schlagen Sie Ihr Haustier nicht. Hunde verstehen nicht, wenn sie geschlagen oder gepackt werden. Er kann Bestrafung nicht mit vergangenen Fehlern in Verbindung bringen und glaubt, dass Sie ohne Grund wütend sind. Sie sind vielleicht verängstigt und verwirrt.

Die Umstellung der Ernährung eines Hundes kann Verdauungsstörungen verursachen, die zu Unfällen führen können. Lassen Sie mich nachts fressen, ohne dass ich mich entleeren muss.

Selbst ein gut erzogener Hund kann seinen Bedürfnissen nicht gerecht werden. Reinigen Sie den Bereich mit einem Geruchsneutralisator. Auf diese Weise wollen Haustiere keine Fehler machen. Produkte, die Ammoniak enthalten, riechen wie Hundeurin und sollten nicht verwendet werden, da sie die Tiere anziehen.

Wenn Ihr gut erzogener Hund anfängt, Unfälle zu haben, kann das daran liegen, dass er nicht genügend Möglichkeiten hat, nach draußen zu gehen und sich zu entleeren, oder dass Sie nicht auf seine Anzeichen achten, oder dass er gesundheitliche Probleme hat.

Achten Sie auf Territorialmarken: kleine Urinspuren auf verschiedenen Gegenständen. Dieses Verhalten kann durch die Sterilisation von Hündinnen oder Rüden unterbunden werden, und auch Windeln sind speziell für diesen Zweck entwickelt worden. Denken Sie daran, Ihren Hund zu beobachten und zu stoppen, wenn er anfängt zu wählen; reinigen Sie die Stelle dann sorgfältig.

Tipps für ein effizientes Welpentraining

Das Wichtigste bei der Erziehung eines Hundes ist, dass sie auf der Grundlage von positiver Verstärkung erfolgen sollte, indem man ihn belohnt, wenn er etwas richtig macht. Man muss ihnen erlauben, sich zu irren, denn sie werden am Anfang sehr verwirrt sein, und sie sollten wissen, dass das nicht schlimm ist und dass sie es nicht eilig haben müssen, zu lernen.

Es ist daher notwendig, das traditionelle Training, das auf negativer Verstärkung basiert, abzuschaffen, da der Hund niemals bestraft werden sollte, wenn er beim Training Fehler macht, geschweige denn Angst hat. Außerdem ist der beste Weg, einen Hund zu erziehen, wenn man schon im Welpenalter damit beginnt.

Erziehen Sie sie, seit sie Welpen sind
Wie Menschen lernen auch Hunde in den ersten Jahren ihres Lebens viel besser. Sie sind viel aufnahmefähiger für Befehle und ihre große Neugier auf die Welt, in der sie gerade angekommen sind, wird sie ermutigen, neue Dinge zu lernen.

Die Welpen sind sehr verspielt und aufmerksam und freuen sich, wenn sie trainiert werden.

Auch ein erwachsener Hund kann trainiert werden, aber wenn er sein ganzes Leben lang keine Erziehung genossen hat, wird es viel schwieriger sein. Mit Geduld, Zuneigung und dem Bestreben, dass sich der Hund wohl fühlt, ist es jedoch nicht unmöglich. Das Wichtigste ist, dass der Hund Spaß an der Erziehung hat und vor allem nicht frustriert ist oder Angst vor Bestrafung hat. Dies ist besonders wichtig bei adoptierten Hunden, da man nicht weiß, was sie vorher erlitten haben könnten.

Positive Verstärkungen
Das Training auf der Grundlage positiver Verstärkung ist das effizienteste, das es gibt. Nicht nur, weil der Hund jeden Befehl richtig lernt, sondern auch, weil er es gerne macht und es ihm Spaß macht.

Es besteht darin, den Hund zu belohnen, wenn er das tut, was man von ihm verlangt, sei es durch einen Lutscher, eine Streicheleinheit, ein paar nette Worte oder etwas, das ihm gefällt, denn das hängt sehr von jedem Hund ab. Das Wichtigste ist, dass du lernst, das zu tun, was von dir verlangt wird, um einen Vorteil zu erhalten, so dass du deinem Trainer immer gehorchen willst, zusätzlich zum Spaß und dem Wunsch, neue Tricks zu lernen.

Hunde mögen es auch, wenn man ihnen sagt, dass sie etwas gut gemacht haben. Wenn sie also nicht sehen, dass beim Training nichts passiert, weil sie etwas falsch machen, sondern dass sie eine Belohnung bekommen, wenn sie etwas richtig machen, werden sie nie nein sagen, wenn sie trainiert werden und all die Dinge zeigen können, die sie können.

Diese Art von Training führt außerdem dazu, dass der Hund eine gute Beziehung zu seinem Trainer entwickelt, weil sie viel Zeit miteinander verbringen und lernen, es zu genießen. Darüber hinaus ist der Trainer auch eine wichtige Figur in diesem Training, weil er wissen muss, wie man den Hund mit all der Liebe, die er verdient, zu behandeln, nie machen ihn schlecht über seine Fehler. Diese Art der Ausbildung ist die effektivste für jeden Hund, sei es Haustier, Polizeihund oder sogar Blindenhund.

Spezifische Objekte: Der Clicker
Die Erziehung eines Hundes mit positiver Verstärkung ist heute so erfolgreich, dass es sogar verschiedene Geräte gibt, deren einzige Funktion darin besteht, sich an diesem Training zu beteiligen. Ein Beispiel ist der Clicker, ein kleines Utensil mit einem Knopf, der beim Drücken einen Ton abgibt. Der Hund lernt, dieses Geräusch mit etwas Gutem in Verbindung zu bringen, so dass er alles tun wird, um das zu tun, worum er gebeten wird, wieder zu hören. Es gibt auch solche, die ein bestimmtes Geräusch machen, ohne dass man einen Clicker kaufen muss, oder die andere Techniken wie einen Laserpointer verwenden. Sie sind alle gleich wirksam, obwohl man vorsichtig sein muss und sie nicht im Übermaß einsetzen darf, denn das könnte den Hund verwirren.
Der Clicker muss unmittelbar nach dem Befehl aktiviert werden, damit Sie wissen, warum er aktiviert wurde und was Sie beim nächsten Befehl tun müssen. Außerdem kann die Verwendung eines Geräusches, das nicht spezifisch für Ihr Training ist, wie z. B. eine Pfeife, dazu führen, dass der Hund es in anderen

Bereichen und bei anderen Personen hört, was ihn verwirren kann.

BESEITIGUNG NEGATIVER VERSTÄRKUNGEN

Das traditionelle Hundetraining basiert auf negativer Verstärkung. Das bedeutet, dass ein Hund bestraft wird, wenn er etwas falsch macht, so dass er aus Angst vor Bestrafung lernt und nie Freude am Lernen hat.

Glücklicherweise ist diese Art von Training im Rückstand und wird durch positive Verstärkung ersetzt. Allerdings gibt es diejenigen, die behaupten, dass es sehr effektiv ist, und sie kümmern sich nicht, wie der Hund fühlen kann oder ihn leiden lassen, und sie haben sogar spezielle Objekte wie Halsbänder, die Elektroschocks oder Stacheln geben. Es handelt sich dabei nicht nur um Elemente, die das Training fördern, sondern um Elemente der Folter, die dazu führen, dass das Tier in ständiger Angst vor Bestrafung und Unrecht lebt und schließlich das Lernen ablehnt. Außerdem ist die Wahrscheinlichkeit groß, dass übermäßig misshandelte Hunde aggressiv werden, um zu verhindern, dass ihnen erneut Schaden zugefügt wird.

Während ein Training, das auf positiver Verstärkung basiert, die Verbindung zwischen Hund und Mensch fördert und dafür sorgt, dass sie gerne Zeit miteinander verbringen, führt dieses andere Training dazu, dass die Überlegenheit des Menschen den Hund verängstigt, der nicht mehr lernen will und natürlich auch keine Freude mehr daran hat.

Die Ausbildung eines Hundes sollte für beide Seiten Vorteile bringen, sowohl für den Ausbilder, dem der Hund gehorcht, als auch für den Hund selbst, der Spaß daran haben muss, die Dinge richtig zu machen und keine Angst vor dem Versagen zu haben. Es macht keinen Sinn, dem Hund eine schlechte Zeit zu bereiten, nur damit der Mensch über ihm steht, vor allem, wenn es andere Trainingsmethoden gibt, die viel effektiver sind und von denen alle profitieren.

DIE VORTEILE NEGATIVER VERSTÄRKUNG ZU ÜBERDENKEN

Die Befürworter dieses Trainings sind davon überzeugt, dass es sehr effektiv ist, weil es so schnell funktioniert, aber das liegt daran, dass der Hund gelernt hat, Angst zu haben, etwas falsch zu machen, so dass er versuchen wird, auf seinen Trainer zu hören, wenn er versteht, dass er eine Strafe vermeiden will.

Es lohnt sich nicht, einen Hund zu behandeln, um einige Trainingszeiten zu eliminieren, vor allem, weil er die Befehle nicht richtig lernt und verwirrt wird, wenn er versucht, mehr als einen zu lehren, mehr als alles andere, weil er mehr Zeit damit verbringt, darüber nachzudenken, was bestraft werden kann, was man tun muss.

VIEL GEDULD HABEN

Bei einem Hund, besonders wenn es sich um einen Welpen handelt, ist es wichtig, viel Geduld zu haben, wenn man ihm neue Befehle beibringt, und ihn generell zu erziehen. Am Anfang wird es schwierig sein, weil sie nicht verstehen, was von ihnen verlangt wird, sie werden sich verwirrt und manchmal frustriert fühlen, ohne genau zu wissen, was sie tun sollen.

Es ist also sehr vorteilhaft für sie zu verstehen, dass es nicht falsch ist, Fehler zu machen oder sich Zeit zu nehmen, um zu lernen, sondern dass sie alle Zeit haben, die sie brauchen, und dass sie aufgrund von Fehlern in der Lage sein werden, das zu tun, was von ihnen verlangt wird.

Deshalb spürt der Hund, dass sein Trainer nicht verzweifelt, sondern viel Geduld hat und nichts passiert, weil sie sich Zeit zum Lernen nehmen, das ist etwas sehr Wichtiges, wenn es um die Erziehung geht.

Andernfalls würden sie verstehen, dass sie ein Hindernis und sehr unintelligent sind, weil sie nicht verstehen, was von ihnen verlangt wird, und auch ihr Trainer ist verärgert, so dass sie nicht weiter lernen wollen. Mit Geduld und dem Gefühl, dass er sich wohlfühlt, wird die Erziehung eines Hundes nicht kompliziert sein.

Sie weisen die Ressourcen zu!

Es ist ratsam, einem Hund nicht ständig irgendwelche Annehmlichkeiten zu bieten. Der Welpe sollte nicht alle Spielsachen immer zur freien Verfügung haben, sondern nur bei Bedarf herausgeholt werden. Sie sind also derjenige, der entscheidet, wann der Hund spielen darf und wann nicht. Ein positiver Nebeneffekt ist, dass das Spielzeug seinen Reiz nicht verliert.

Außerdem sollten Sie festlegen, wann Ihr Welpe fressen darf und wann nicht. Er darf sich dem Napf erst nähern, wenn er freigegeben wurde. Begrenzen Sie die Zeit, in der das Futter verfügbar ist. Wenn Ihr Hund nach zwanzig Minuten noch nicht gefressen hat, nehmen Sie ihm den Napf weg. Bei älteren Hunden können Sie auch die Learn to Earn-Methode anwenden. Ihr Hund muss sich sein Futter durch Leistung verdienen und z. B. kleine Kunststücke lernen oder Apportierübungen mit dem Futterdummy durchführen.

Welpen früh erziehen

Je nach den häuslichen Gegebenheiten können Sie für Ihren Welpen Tabuzonen einrichten und ihm zum Beispiel verbieten, die Küche oder das Badezimmer zu betreten. Je älter Ihr Welpe wird, desto weniger sollte er Ihnen auf Schritt und Tritt folgen dürfen, damit er nicht zu einem Kontrollfreak wird. Schränken Sie die Bewegung des Welpen ein wenig ein, damit er nicht immer und überall an Ihnen hängt.

Außerdem sollten Sie Ihrem Welpen Tischmanieren beibringen, was zu einer guten Erziehung gehört! Um penetrantes Betteln zu vermeiden, sollten Sie sich eine Regelung für Ihre eigenen Mahlzeiten überlegen. Zum Beispiel können Sie den Hund bitten, an seinem Platz zu bleiben, während Sie essen. Das ist auch sehr hilfreich, wenn Sie mit ihm ins Restaurant gehen.

Kauen auf Möbeln

Die meisten Welpen werden es irgendwann versuchen, spätestens wenn der Zahnwechsel ansteht: das Kauen auf Möbeln oder anderen Gegenständen. Wenn Sie bemerken, dass sich Ihr Hundekind für ein Tischbein oder ähnliches interessiert, unterbrechen Sie es mit einem ruhigen, aber strengen Stoppsignal und bieten Sie ihm sofort eine Alternative zum Kauen an.

Das kann ein stabiles Spielzeug sein oder ein geeigneter Kauartikel wie ein Büffelhautknochen. So wird Ihr Welpe schnell lernen, was er zum Kauen verwenden darf und was nicht. Überlegen Sie auch genau, womit Ihr Schützling spielen darf, denn eine unbedachte Auswahl kann ihn leicht verwirren. Wenn er mit Ihnen mit einem alten Handtuch spielt, unterscheidet er wahrscheinlich nicht zwischen einem Handtuch und einem Tischtuch und räumt in einem unbeobachteten Moment den Couchtisch ab. Und wenn er die Hausschuhe apportieren darf, könnte er denken, dass er sie auch als Kauspielzeug missbrauchen kann.

Verhinderung von Futtermittelaggression

Ein sehr wichtiger Punkt in der Welpenerziehung ist, dass Ihr Welpe von Anfang an daran gewöhnt wird, dass Sie ihm sein Futter geben, gerade weil die Gefahr besteht, dass er Futter im Freien aufnimmt, was ihm schaden kann. Nehmen Sie Ihren Welpen ab und zu mit, während er den Napf wegfrisst. Aber übertreiben Sie es nicht.

Wenn Ihr Hund ständig in Sorge ist, dass ihm sein Futter weggenommen wird, stresst ihn das, und daraus kann eine Futteraggression entstehen. Es ist durchaus möglich, dass Ihr Hund auf die Idee kommt, zu knurren. Machen Sie nicht den Fehler, in diesem Moment die Hand wegzuziehen und sich einschüchtern zu lassen. Dann macht Ihr Welpe die Lernerfahrung, mit aggressivem Verhalten ans Ziel zu kommen.

Messen Sie ihn mit der nötigen Strenge kurz und präzise und nehmen Sie das Futter trotzdem. In dem Moment, in dem Ihr Welpe sich zurückzieht und Beschwichtigungsverhalten zeigt (Pfote, Schwanz senken, Ohren anlegen usw.), loben Sie ihn mit ruhiger Stimme. Stellen Sie den Napf zurück und geben Sie ihm eine Chance, es noch einmal besser zu machen.

In den meisten Fällen wird er es nicht wieder tun, und Sie können ihm zur Belohnung sofort seinen Futternapf zurückgeben. Wenn Ihr Hund wieder knurrt, wiederholen Sie die Prozedur, bis er versteht, dass sein Verhalten inakzeptabel ist. Machen Sie sich keine Sorgen, dass Ihr Hund Sie direkt beißen könnte, wenn er Sie anknurrt.

Wenn er aus einer guten Zucht kommt, gesund ist und keine "Vorgeschichte" hat, ist er nicht zum Ausgehen geeignet. Das Knurren ist ein völlig normales und gesundes Verhalten, das er bereits bei seinen Geschwistern ausprobiert hat und zunächst nur sagt: "Hör auf, das will ich nicht!". Indem Sie seine Drohgebärde unterbrechen, vermitteln Sie ihm, dass er kein Recht hat, Ihnen gegenüber aggressives Verhalten zu zeigen. Es ist jedoch nicht sinnvoll und sogar gefährlich für einen Hund, diese Form der Kommunikation zu üben (also auch im Umgang mit Artgenossen), denn dadurch wird eines der Warnsignale auf dem Weg zu einem ernsthaften Angriff verhindert und er ohne Vorwarnung trainiert.

Schlussfolgerung

Alle Hunde verdienen eine gute Pflege und es muss nicht mühsam oder kostspielig sein, den Welpen zu erziehen. Wenn Sie Ihr Haus mit einem neuen Welpen oder einem älteren Hund teilen, ist es nie zu früh, mit der Hundeerziehung fortzufahren. Die meisten Hunde sind froh über die Stabilität und das Vertrauen, das sie durch das Training gewinnen.

Hunde wollen mehr als alles andere, dass ihre Besitzer glücklich sind - deshalb lassen sie sich leicht erziehen. Bevor Sie beginnen, sollten Sie eine Liste der Grundkommandos erstellen, die Sie Ihrem Hund beibringen möchten: "Sitz", "Still", "Komm", "Platz" oder "Nein" (immer nützliche Kommandos). Sie können auch den König kontrollieren, ihm beibringen, kein Essen zu bestellen und Unfälle im Haus zu vermeiden. All dies ist machbar - man braucht Konsequenz, Lob, gelegentliche Belohnungen, viel Geduld und Positivismus.

Seien Sie vorsichtig und vorausschauend im Falle eines Unfalls, wenn Sie Ihrem Hund beibringen, auf die Toilette zu gehen.

Dies ist eines der wichtigsten Dinge, die Sie Ihrem Hund beibringen müssen, und beginnt mit einem Programm. Der Hund ist ein typisches Tier, also gehen Sie mit ihm nach dem Fressen, nach dem Spielen, nach dem Aufwachen von einem Nickerchen, vor dem Schlafengehen oder auf der Suche nach einem Platz zum Urinieren auf die Toilette und bauen Sie diese Momente in das System ein.

Wenn der Hund an der richtigen Stelle ist, loben Sie ihn ausgiebig. Beim nächsten Mal werden nur noch Leckerlis als Motivation dienen. Der Welpe wird im Laufe der Zeit lernen, wann er das tun soll und wann nicht. Denken Sie daran, dass nicht alle Welpen perfekt sind.

Wenn Sie zum ersten Mal mit dem Hundetraining beginnen, kann das entmutigend wirken. Wenn Sie unsicher sind, wo Sie anfangen sollen, erstellen Sie einen Wochenplan, um sich besser zu organisieren. Wählen Sie jede Woche ein oder zwei Schlüsselkommandos aus, auf die Sie sich konzentrieren. Bereiten Sie sich darauf vor, Änderungen an der Lebensweise des Hundes vorzunehmen, um Probleme mit dem Verhalten zu vermeiden oder zu ändern.

www.ingramcontent.com/pod-product-compliance
Lightning Source LLC
Chambersburg PA
CBHW071504080526
44587CB00014B/2203